チャールズ・チャップリンは映画「独裁者」の最後に訴えた。
「奴隷を作るために闘うな。自由のために闘え」
ウルグアイ元大統領のホセ・ムヒカは
「地球サミット」でこう述べた。
「幸福こそが人類の最も重要な原料だ」
社会学者の上野千鶴子は東大入学式で
厳しい祝辞を贈った。
「頑張っても、それが公正に報われない社会が
あなたたちを待っています」
本書は、古今東西を問わず、今の時代を生きる
人々の心に響くスピーチ50本を収録したものだ。
夢の実現、反戦、追悼、引退、非差別、人権。
目標が定まらないとき、岐路に立たされたとき、
私生活や仕事で躓いたとき、ここで取り上げた
言葉は、あなたに何かしらの指針を
与えてくれるに違いない。

「今を生きる」人の心に刺さる

世界の名スピーチ

50選

鉄人文庫

「今を生きる」人の心に刺さる　世界の名スピーチ50選　目次

第1章　贈る言葉

第2章　反戦と非差別

第3章　幕引き

第4章　メッセージ

第5章

追悼

第１章

贈る言葉

願うことは簡単だ。じゃあ、何ができる?

ミュージシャン

U2 ボノ

ペンシルベニア大学卒業式 祝辞

2004年5月17日

ボノ ▶ 1960年アイルランド生まれ。1979年、ロックバンド・U2のボーカリストとしてメジャーデビュー。粗削りなボーカル、激しいライブパフォーマンス、国内外の社会・政治問題を強く問題提起した歌詞で注目を集める。2000年代には、かねてから関心のあったアフリカの発展途上国支援プロジェクトに積極的に参加。これまでノーベル平和賞の候補に3度選ばれている。

俺はボノ、ロックスターだ。俺はノリノリになってくるとイケナイ4文字の言葉を言ってしまう癖があるんだ。あんまりノリノリにさせないでくれよ。ご両親、大丈夫。お子さんにも国にも迷惑はかけないから。

さて、君たちはこの日のために頑張ってきたわけだ。アイデアの市場で、売り、買い、取引をして。知識の押し売りだ。君たちの両親がからっけつでも、君たちのポケットはパンパンだろう。そのポケットの中身を、これからどうやって使っていくのか。それを考えなきゃいけないときが来たんだ。

質問だ。でかい考えって何だ？　君たちの、でかい考えって？　道徳資産や、知的資産、お金、ペンシルベニア大学の壁の向こうから追っかけてくる労働負荷による家の所有権、何について考えたい？

ブレンダン・ケネリーという素晴らしい詩人が書いた『ユダ記』の中の叙事詩に俺の心に残った一節がある。「一生を捧げたいのなら、その期間を裏切りなさい」。裏切るって、どういうことなんだろうか？

俺にとって期間を裏切るっていうのはうぬぼれや欠点、デタラメな道徳観をさらけだ

U2のボーカル、ボノは挑発的な言葉で
卒業生の旅立ちを祝った

すことだ。つまり、隠したいことを隠さずにさらけだし、目を背けたくなる真実と向き合うということだ。

どんな時代でも理屈がまかり通らないことがある。俺たちはそれを見ようとはしない。だが、次の世代の子供たちは違う。奴隷制度がいい例だろう。奴隷制度の恩恵を受けた世代は神をも恐れぬ、非人間的な世代だと言われているんだから。

人種的分離待遇もそうだ。今じゃアメリカは知っての通りの国だけど、歴史をくつがえす、平等な人権を得るための運動があった。１９５４年の5月17日、50年前の最高裁判所のブラウン対教育委員会裁判にて、人種別に分離すれども平等という考えが間違っているという裁判結果が出されたんだ。

最初の一歩から50年だ。２００４年の5月17日。くつがえさないといけない考え方は何だ？　自分たちを信じ込ませている嘘は？　俺たちの世代が目を背けていることは？　準ペンシルベニア住人としてするべきことは？　しないでおくべきことは？

それは難しいことじゃない。凄く単純なことだ。心のどこかに追いやられている、人の命というものは平等の価値があるのだという思い、それを信じることだ。そうじゃないか？　みな、それぞれの答えがあるだろうが、これが俺の答えだ。俺はそれをアフリカで証明し続けている。

アフリカは、俺たちの言うところの、俺が言うところの、平等さをあざ笑い、敬虔な行為や責任を疑っている。いったいアフリカで何が起こっているのか、誰も知らないからだ。俺たちはアフリカの民も神の前では平等であるということはわかっているが、実体を知る機会は与えられていない。

1985年、フィラデルフィアで画期的な運動が起こった。ライブ・エイドだ。「ウィー・アー・ザ・ワールド」現象を起こしたコンサートが行われたんだ。コンサートのあと、俺は妻・アリと共にエチオピアに向かった。1ヶ月の滞在の間、俺に起きたことは、とても言葉では言い表せないことばかりだったんだ。

アフリカにとっての平等は大きな思いだ。それはとても高価な思いだ。俺はワートン大学卒業生がそろばんをはじき出しているのが見えるな。高いな〜って尻込みしている生徒が大半だろう。君たちは違うだろうけどね。苦しみの大きさや、関わり合うことの大きさは時として無関心を生み出してしまう。アフリカのエイズと貧困の終焉を願うのは、重力が働かなくなるようなことだ。

願うことは簡単だ。でも、じゃあ、何ができる？　考える以上のことを、だ。俺たちは全てを解決することなんてできない。汚職や、自然災害みたいなものも含めて。じゃあできること、しなきゃいけないことはどうだろう。

言っただろう。債務負担や不公平な取引を変えることだ。知識を分け合うこと、救命薬には緊急時に臨機応変に対応できるような著作権をつけること。俺たちにできることだ。そしてできることなら、しなきゃいけないんだ。できるから、しなきゃいけない。

これが真実、正義の真実だ。理論であり、事実だ。事実について、君たちの世代、俺たちの世代は貧困に関して考えることができる。貧困と、病気について考えることのできる最初の世代なんだ。

アフリカに目を向け、顔をまっすぐ前に向け、世界の様々なところで起っている、食べ物が足りずに死んでいく子供たちが後を絶たない、腹立たしい貧困を、俺たちが終わらすんだ。俺たちがそんな世代になるんだ。

時間はかかるかもしれない。でもみんなで貧困に対してNOを突きつける世代になれるんだ。経済学者のお墨付きなのだから。高くつく事実だが、ヨーロッパを共産主義とファシズムから救ったマーシャル・プランよりは高くないだろう。それに、言ってしまおう。どんどん現れるテロと戦うよりも安くつく。

どんな時代にも葛藤は存在する。アフリカの運命もそのひとつだ。唯一無二の問題じゃない。でも、歴史書が残す、俺たちがしたこと、しなかったことの上位5位以内には入るだろう。言ったように、平等のあり方、それについて考えようじゃないか。

まあ、他のことでもいい。戦うことを恐れないでほしい。ブーツを汚せ、ハチャメチャになれ、スモーキー・ジョー（注：スコットランドのウィスキー）を一杯ひっかけて気を大きくしろ、最後の雄叫びを上げろ、やっちまえ。

頭の中でテーマソングを流すんだ。誰にも説明しなくていい。両親に説明しなくてもいい。教授に説明しなくてもいい。俺はかつて未来は揺るぎないもので、確固たるものだと思っていた。ちょうど、前の世代が出ていったか、追われたかしたあとで君たちが引き継いで古い建物にただやってくるように。

でも、実際はそうじゃなかったんだ。未来は決定しているものじゃない。つねに変わり続けるものだったんだ。君たちは好きなように建物を建てられるんだ。掘っ立て小屋か、アパート、何だってさ。これは今日のスピーチの比喩的表現部分さ。

世界は君たちが思っているよりももっと柔軟にできているんだ。君たちのハンマーのひと突きで、形を変えられたがっているのさ。俺がもしフォークシンガーだったら「私がハンマーを持ったら」なんて曲を世に放ち、一緒に揺れながら歌うのにな。俺はパンク・ロック出身だから、血まみれのハンマーを拳で握るよ！

さて、このスピーチの単位は鈍器だ。これで何かを生み出してくれ。ジョン・アダムズがベン・フランクリンについて言ったことを心に留めておいてほしい。「彼は私たちの大胆な法案をものともしなかったばかりか、優柔不断過ぎるとさえ考えていたようだ」。

今こそ思い切った対策をするときだ。この国で。君たちはできる世代だ。ありがとう。

（スピーチの一部を省略しています）

ハングリーであれ。
愚か者であれ。

アップル創業者

スティーブ・ジョブズ

スタンフォード大学卒業式 祝辞

2005年6月12日

スティーブ・ジョブズ ▶1955年米サンフランシスコ生まれ。アイフォーン、アイパッド、マッキントッシュなどで知られる世界的大企業アップル社の共同創業者のひとり。経営の悪化からいったん同社を去ったが、1996年に復帰。2000年2月、CEO（最高経営責任者）に就任した。スタンフォード大学における伝説のスピーチから6年後の2011年10月、がんにより死去。享年56。

世界で最も優秀な大学の卒業式に同席できて光栄です。私は大学を卒業したことがありません。実のところ、今日が人生で最も大学卒業に近づいた日です。本日は自分が生きてきた経験から、3つの話をさせてください。大したことではない。たった3つです。

まずは、点と点をつなげる、ということです。私はリード大学をたった半年で退学したのですが、本当に学校を去るまでの1年半は大学に居座り続けたのです。ではなぜ、学校をやめたのでしょうか。

私が生まれる前、生みの母は未婚の大学院生でした。母は決心し、私を養子に出すことにしたのです。母は私を産んだらぜひとも、誰かきちんと大学院を出た人に引き取ってほしいと考え、ある弁護士夫婦との養子縁組が決まったのです。ところが、この夫婦は間際になって女の子をほしいと言いだした。こうして育ての親となった私の両親のところに深夜、電話がかかってきたのです。「思いがけず、養子にできる男の子が生まれたのですが、引き取る気はありますか」と。両親は「もちろん」と答えた。けれど生みの母は、後々、養子縁組の書類にサインするのを拒否したそうです。私の育ての母は大卒ではないし、父に至っては高校も出ていないからです。実の母は、両親が私を必ず大学に行かせると約束したため、数ヶ月後にようやくサインに応じたのです。

そして17年後、私は本当に大学に通うことになった。ところが、スタンフォード並みに学費が高い大学に入ったばっかりに、労働者階級の両親は蓄えの全てを学費に注ぎ込むことになってしまいました。そして半年後、私はそこまで犠牲を払って大学に通う価値が見いだせなくなってしまったのです。当時は人生で何をしたらいいのかわからなかったし、大学に通ってもやりたいことが見つかるとはとても思えなかった。私は、両親が一生かけて蓄えたお金をひたすら浪費しているだけでした。私は退学を決めました。何とかなると思ったのです。多少は迷いましたが、今振り返ると、自分が人生で下した最も正しい判断だったと思います。

退学を決めて必須の授業を受ける必要がなくなったので、面白い授業だけを受講することにしました。リード大学では当時、全米でおそらく最も優れたカリグラフィー（文字を美しく見せるための手法）の講義があり、ここで私は、ひげ飾り文字や、文字を組み合わせた場合のスペースの開け方も学びました。何がカリグラフィーを美しく見せる秘訣なのか会得しました。科学ではとらえきれない伝統的で芸術的な文字の世界のとりこになったのです。

もちろん当時は、これがいずれ何かの役に立つとは考えもしなかった。ところが10年後、最初のマッキントッシュを設計していたとき、カリグラフィーの知識が急によみがえってきたのです。そして、その知識を全て、マックに注ぎ込みました。美しいフォントを持つ最初のコンピューターの誕生です。

もし大学であの講義がなかったら、マックには多様なフォントや字間調整機能も入っていなかったでしょう。ウィンドウズはマックをコピーしただけなので、パソコンにこうした機能が盛り込まれることもなかったでしょう。もし私が退学を決心していなかったら、あのカリグラフィーの講義に潜り込むことはなかったし、パソコンが現在のような素晴らしいフォントを備えることもなかった。もちろん、当時は先々のために点と点をつなげる意識などありませんでした。

しかし、今振返ると、将来役立つことを大学でしっかり学んでいたわけです。繰り返しですが、将来をあらかじめ見据えて、点と点をつなぎあわせることなどできません。できるのは、あとからつなぎあわせることだけです。だから、我々は今やっていることがいずれ人生のどこかでつながって実を結ぶだろうと信じるしかない。運命、カルマ、何にせよ我々は何かを信じないとやっていけないのです。

2つ目の話は愛と敗北です。

私は若い頃に大好きなことに出合えて幸運でした。共同創業者のウォズニアックと共に私の両親の家のガレージでアップルを創業したのは21歳のときでした。それから一生懸命に働き、10年後には売上高20億ドル、社員数4千人を超える会社に成長したのです。そして我々の最良の商品、マッキントッシュを発売したちょうど1年後、30歳になったときに、私は会社から解雇されたのです。自分で立ち上げた会社から、クビを言い渡されるなんて。

実は会社が成長するのにあわせ、一緒に経営できる有能な人材を外部から招きました。最初の1年はうまくいっていたのですが、やがてお互いの将来展望に食い違いがでてきたのです。そして最後には決定的な亀裂が生まれてしまった。そのとき、取締役会は彼に味方したのです。それで30歳のとき、私は追い出されてしまった。それは周知の事実となりました。私の人生をかけて築いたものが、突然、手中から消えてしまったのです。これは本当につらい出来事でした。

1ヶ月くらいは呆然としていました。でも、あとで考えればアップルから追い出されたことが、人生で最も幸運な出来事でした。将来に対する確証は持てなくなりましたが、会社を発展させるという重圧が、もう一度挑戦者になるという身軽さに取って代わったのです。

その後の5年間に、NeXTという会社を起業し、ピクサーも立ち上げました。そして妻になる素晴らしい女性ローレンと巡り合えたのです。ピクサーは世界初のコンピューターを使ったアニメーション映画「トイ・ストーリー」を制作することになり、今では世界で最も成功したアニメ制作会社になりました。そして、思いがけないことに、アップルがNeXTを買収し、私はアップルに舞い戻ることができました。今や、NeXTで開発した技術はアップルで進むルネサンスの中核となっています。そして、ローレンと共に最高の家族も築けたのです。

アップルを追われなかったら、今の私はなかった。非常に苦い薬でしたが、私にはそういうつらい経験が必要だったのでしょう。最悪の出来事に見舞われても、信念を失わないこと。自分の仕事を愛してやまなかったからこそ、前進し続けられたのです。皆さんも大好きなことを見つけてください。仕事でも恋愛でも同じです。仕事は人生の一大事です。やりがいを感じることができるただひとつの方法は、素晴らしい仕事だと心底思えることをやることです。そして偉大なことをやり抜くただひとつの道は、仕事を愛することでしょう。好きなことがまだ見つからないなら、探し続けてください。決して立ち止まってはいけない。本当にやりたいことが見つかったときには、不思議と自分でもすぐにわかるはずです。素晴らしい恋愛と同じように、時間が経つごとに良くなっていくものです。だから、探し続けてください。

3つ目の話は死についてです。

私は17歳のときに「毎日をそれが人生最後の1日だと思って生きれば、その通りになる」という言葉にどこかで出合いました。それは印象に残る言葉で、その日を境に33年間、私は毎朝、鏡に映る自分に問いかけるようにしているのです。「もし今日が最後の日だとしても、今からやろうとしていたことをするだろうか」と。

「違う」という答えが何日も続くようなら、ちょっと生き方を見直せということです。自分はまもなく死ぬという認識が、重大な決断を下すときにいちばん役立つのです。なぜなら、永遠の希望やプライド、失敗する不安…これらはほとんど全て、死の前には何の意味もなさなくなるからです。本当に大切なことしか残らない。自分は死ぬのだと思い出すことが、敗北する不安にとらわれない最良の方法です。我々はみんな最初から裸です。自分の心に従わない理由はないのです。

1年前、私はがんと診断されました。朝7時半に診断装置にかけられ、膵臓に明白な腫瘍が見つかったのです。私は膵臓が何なのかさえ知らなかった。医者はほとんど治癒の見込みがないがんで、もっても半年だろうと告げたのです。医者からは自宅に戻り身辺整理をするように言われました。つまり、死に備えろという意味です。これは子供たちに今後10年かけて伝えようとしていたことを、たった数ヶ月で語らなければならないということです。家族が安心して暮らせるように、全てのことをきちんと片付けなければならない。別れを告げなさい、と言われたのです。

1日中、診断結果のことを考えました。その日の午後に生検を受け、喉から入れられた内視鏡が、胃を通って腸に達しました。膵臓に針を刺し、腫瘍細胞を採取しました。鎮痛剤を飲んでいたのでわからなかったのですが、細胞を顕微鏡で調べた医師たちが騒ぎ出したと妻が言うのです。手術で治療可能な極めて稀な膵臓がんだとわかったからでした。人生で死に最も近づいたひとときでした。今後の何十年かはこうしたことが起こらないことを願っています。このような経験をしたからこそ、死というものがあなた方にとっても便利で大切な概念だと自信をもって言えます。

誰も死にたくない。天国に行きたいと思っている人間でさえ、死んでそこにたどり着

スティーブ・ジョブズ。スタンフォード大学卒業式で祝辞を述べた6年後の2011年10月、膵臓がんでこの世を去った

きたいとは思わないでしょう。死は我々全員の行き先です。死から逃れた人間は一人もいない。それは、あるべき姿なのです。死はたぶん、生命の最高の発明です。それは生物を進化させる担い手。古いものを取り去り、新しいものを生み出す。今、あなた方は新しい存在ですが、いずれは年老いて、消えゆくのです。深刻な話で申し訳ないですが、真実です。

私が若い頃『全地球カタログ』という素晴らしい本に巡

り合いました。私の世代の聖書のような本でした。スチュワート・ブランドというメンロパークに住む男性の作品で、詩的なタッチで躍動感がありました。パソコンやデスクトップ出版が普及する前の1960年代の作品で、全てタイプライターとハサミ、ポラロイドカメラで作られていた。言ってみれば、グーグルのペーパーバック版です。グーグルの登場より35年も前に書かれたのです。理想主義的で、素晴らしい考えで満ちあふれていました。

スチュワートと彼の仲間は『全地球カタログ』を何度か発行し、一通りやり尽くしたあとに最終版を出しました。70年代半ばで、私はちょうどあなた方と同じ年頃でした。背表紙には早朝の田舎道の写真がありました。あなたが冒険好きなら、ヒッチハイクをするときに目にするような風景です。その写真の下には「ハングリーなままであれ。愚かなままであれ」と書いてありました。筆者の別れの挨拶でした。

ハングリーであれ。愚か者であれ。私自身、いつもそうありたいと思っています。そして今、卒業して新たな人生を踏み出すあなた方にもそうあってほしい。

ハングリーであれ。愚か者であれ。ありがとうございました。

（スピーチの一部を省略しています）

カミングアウトで
全てを失った。
それでも、
ありのままに生きる。

コメディアン

エレン・デジェネレス

テュレーン大学卒業式　祝辞

2009年5月11日

エレン・デジェネレス ▶ 1958年米ルイジアナ州生まれ。1981年、キャリアをスタート。1990年代にはテレビで冠番組を持つまでになったが、1997年、レズビアンであることを告白したことなどから番組を降板。その後、復活を果たし2003年開始のトークショー「エレンの部屋」で現在も司会を務めている。これまでグラミー賞、エミー賞、アカデミー賞の司会をそれぞれ2回経験。2008年5月、カリフォルニア州で同性婚が認められたことを受け、交際相手の女優ポーシャ・デ・ロッシと結婚式を挙げた。

学校を卒業したとき、私は何をしていいか全くわかりませんでした。「学校」というのは中学校のことです。私は高校も卒業していません。私には野心や夢というものが全くありませんでした。

自分がやりたいことがわからず、様々なことをやりました。牡蠣の採取、バーテンダーやウエイトレス、塗装工に掃除機の販売などなど。そのうちに何かちゃんとした仕事を見つけて、家賃とケーブルテレビ代くらいは払えるようになるといいなとは思っていましたが、計画らしいものは全然ありませんでした。

皆さんくらいの歳になっても自分がどう生きていきたいのか、本当にわからなかった。ただ、言いたいのは、皆さんが私くらいの年齢になったときには、ほとんどの方は同性愛者になっているだろうということです（笑）。

私は19歳くらいで、当時付き合っていた彼女を交通事故で亡くしました。私は事故現場を車で通り過ぎましたが、その被害者が彼女だとは気づかず、しばらくしてからそのことを知りました。当時、住んでいたアパートは地下室でした。お金が全然なかったのです。冷房も暖房もなく、フロアにマットレスを直に置いただけのものでした。

彼女がいなくなった部屋の中はとても寒く、私は深く反省をしていました。彼女はどうして、突然私を置いていってしまったんだろう？　なぜこんなに心が凍てついてしまったのだろう？　意味がわからない、きっと何か目的があるはずだ。電話をして神様に尋ねることができればどんなに助かるだろう…。

私は台本を書き始め、そのときまるで神様と会話をしているように、言葉が自分の中から湧き出してくるのを感じました。もちろん、一方通行でしたが。

台本を書き終わり、読み返してみて一人で思いました。私はそれまでスタンダップ・コメディなどやったことがなかったし、街にはコメディ・クラブもありませんでした。それでもこう思ったのです。「いつかこの漫談を『トゥナイト・ショー・ウィズ・ジョニー・カーソン』（※1）で上演できるようになろう」

自身の故郷、ルイジアナ州ニューオリンズにあるテュレーン大学の卒業式で祝辞を述べるエレン・デジェネレス（2009年5月11日）

数年後、私は番組史上初の、そしてただ一人の女性コメディアンとしてその番組に出演しました。神様と会話したあの夜に書いた台本のおかげです。

それからスタンダップ・コメディアンとしての道を歩き始めました。それは成功し、素晴らしい道のりでしたが、同時にとてもつらいものでもありました。なぜなら、私は人を喜ばせようとするかたわら、自分が同性愛者であるという秘密を隠して生きていたからです。

「もし同性愛者であることがばれたら、人気がなくなるんじゃないだろうか」「もう笑ってもらえなくなるんじゃないだろうか」と常に不安に思っていました。

やがて私は自分のコメディ番組を持つようになり、大きな成功を収めました。それまでよりも一回り上の成功でした。でも、「もし同性愛者だとばれたら、誰も番組を見なくなってしまうんじゃないだろうか」という不安は消えませんでした。とても心配になりました。

そして私はとうとう、これ以上、羞恥心や恐怖心の中で生きていくことはできないと、同性愛者であることをカミングアウトすることにしたのです。それは政治的なメッセージなどではなく、それまで自分が背負ってきた重圧から、自分自身を自由にするためでした。私はただ正直でいたかったのです。

カミングアウトによって、不安は的中しました。仕事を失ったのです。6年間続いた番組が打ち切られたことを私は新聞を通して知りました。

3年間、仕事の電話は全く鳴りませんでした。誰も私に近寄ろうとしませんでした。しかし、ある子供から手紙をもらいました。その子は同性愛者であることを苦に自殺しようとしていたのですが、私のカミングアウトを知って思いとどまったというのです。

そんなときに、トークショーの司会を依頼されました。オファーしてきた人たちは、ほとんどのテレビ局がやりたがらないようなことをしようとしていました。誰も、視聴者が私のことを見たいなんて思わなかったのでしょう。

振り返ってみると、一度全てを失ったことは私にとって良かったのだと思います。なぜならそのことによって、いちばん大切なのはありのままの自分でいることだとわかったからです。最終的に、カミングアウトしたことによって、こうしてここに来られるようにもなったのですから。

人生で最も大切なことは、誠実に生きることです。無理に自分ではない他の誰かになろうとせずに、自分の人生を正直に、思いやり深く生きることです。

私の結論は「情熱に従え。自分らしく生きろ。誰かの生き方を真似するな。森の中で道に迷って道標を見つけたときは別として」です。他人にアドバイスしないこと。それは回り回って自分に返ってきます。誰かのアドバイスをまともに受け止めないこと。

そして、結論の結論としては、「人生は巨大なマルディグラ（お祭り騒ぎ）。ただ、オッパイの代わりに脳みそを見せなさい。もし皆さんがあなたの脳みそを気に入れば、もっと中身を見せてあげなさい。あと、たぶんほとんど酔っ払ってると思う」です。

ハリケーン・カトリーナ（※2）で被災した2009年度の卒業生の皆さん。おめでとうございます。今日私が言ったことを覚えていられないなら、これだけは忘れないでください。

「大丈夫。ダン・ダダン・ダン・ダン。ジャスト・ダンス」

（スピーチの一部を省略しています）

※1　正式には「ザ・トゥナイト・ショー・スターリング・ジョニー・カーソン」。人気コメディアンのジョニー・カーソンが1962年から1992年まで司会を務めていたNBC放送のTVバラエティショー。デジェネレスが初出演したのは1986年。
※2　2005年8月末にアメリカ南東部を襲った大型ハリケーン。約2千500人が死亡、行方不明となった。

人生最大の後悔は、優しくなりきれなかったこと。

作家

ジョージ・ソーンダーズ

シラキュース大学教養学部卒業式 記念スピーチ

2013年5月11日

ジョージ・ソーンダーズ ▶ 1958年米テキサス州生まれ。オー・ヘンリー賞、世界幻想文学大賞、ブッカー賞など数々の文学賞に輝いたベストセラー作家。母校であるニューヨークの名門、シラキュース大学でのスピーチは『ニューヨーク・タイムズ』紙のウェブサイトに全文が掲載されると、たちまちアクセス数が百万を超え、世界中で反響を巻き起こした。

長年の間、この種のスピーチについてあるパターンが発展したようだ。私のような盛りを過ぎて、人生においていくつものひどい過ちを犯してきた年配者が、君たちのような前途有望な輝かしい、エネルギッシュな若者に心からのアドバイスを与えるというもので、私もその伝統に従おうと思う。

さて、お金を借りたり、「若い頃に流行ったダンスをしてみせて」と頼んで、踊らせて面白がって見ている以外にも、年配者が若者の役に立てることがある。「過去を振り返って、後悔しているのは何か」と尋ねてみよう。そうしたら喜んで教えてくれる。時には尋ねなくても教えてくれるだろうし、言わなくていいから、と頼んでも教えたがることだろう。

私が後悔していることは何だろう？　時々お金に困ったことだろうか？　大したことはない。食肉解体処理場での膝肉切り取り係（それがどんな作業を伴うのか決して尋ねないように）のような、ひどい仕事をしたことだろうか？　いや、それも後悔はしていない。

スマトラ島の川で、ほろ酔い加減で裸で泳いでいて、ふと見上げると、パイプラインの上に猿が３００匹ぐらい座っていて、川に糞をしているのを見てしまったことだろうか？　その川で口を開けて、素っ裸で泳いでいたというのに。その後ひどい病気になって、７ヶ月の間、具合が悪かったことだろうか？　それほどでもない。

　時々屈辱的な目に遭ったことを後悔しているだろうか？　例えば昔、大勢の観衆の前でホッケーをしていて、その中に好きな女の子がいるというのに、倒れて奇声を上げながらオウンゴールを決めてしまい、手にしたスティックは観客のほうに吹っ飛んで、もう少しでその女の子に当たりそうだったこととか？　いや、それさえも後悔はしていない。

　でも、一つ後悔していることがある。7年生（中学1年生）のとき、クラスに転入生が来た。個人情報保護のためにこのスピーチでは「エレン」と呼ぶことにしよう。エレンは小柄で恥ずかしがり屋な子で、その当時おばあちゃんしかかけないような青い猫目型の眼鏡をかけていた。神経質なときは、というかほとんどいつもだったが、髪の端を口に入れる癖があった。

　近所に越してきて以来、エレンはほとんど無視されて、たまに「髪の毛、おいしい？」などとからかわれていた。そんな言葉に傷ついていたのが見てとれた。そのときの彼女の表情を今でも覚えている。視線を落として、拒絶されたような、自分の置かれた立場を思い知らされ、消え入りたいかのような、そんな様子だった。

そうしてしばらくすると、エレンは髪を口にくわえたまま、立ち去っていったものだった。放課後、家で母親から「学校はどうだったの？」と聞かれて「うん、まあま

2013年5月11日、母校シラキューラ大学の卒業式でスピーチを行うジョージ・ソーンダーズ

ね」と答える姿を想像した。「お友だちはできたの？」「もちろん、たくさんできたわ」と。

時々、エレンがそこから離れたくないように、自宅の前庭をうろうろしているのを見かけることがあった。そして、一家は引っ越していった。それでおしまい。悲劇も大きないじめ事件もなく、ある日突然やってきて、また突然いなくなった。それだけのことだった。

なのに、私はどうしてこのことを後悔しているのだろう？　42年も経って、なぜいまだにそのことを考えるのか？　他の子たちと比べれば、私はエレンに優しいほうだった。意地悪なことは決して言わなかったし、実際、ちょっとばかり庇ってあげたことさえあった。それでもまだ、私は後悔している。

陳腐だし、自分でもどうしたらいいかわからないが、真実だとわかっていることを話そう。私が人生で最も後悔しているのは、優しくなりきれなかったことだ。目の前に苦しんでいる人がいたとき、私は……無難に対応した。だが、ささやかだった。十分ではなかったのだ。

視点を変えてみよう。これまでの人生の中で最も懐かしく、はっきりと温かさをもって思い出すのは誰だろう？　それは親切にしてくれた人のはずだ。一見簡単なようで、実行に移すのは難しいことだが、人生の目標として「もうちょっとだけ優しくなる」のも悪くないのではないか。

ここで難問がある。「何が悪いのだろう？　どうして人はもっと優しくなれないのだろうか？」。私の考えはこうだ。誰にでも生まれつき混乱した考えが備わっていて、それはおそらくダーウィン的なものだろう。

つまり、自分が宇宙の中心であると思っている。要するに自分の話がいちばん大事で面白く、実際それだけが全てである。自分は世界から切り離されている。世界の中心にアメリカがあり、それ以外はくずである。犬もブランコセットも、ネブラスカ州も、低くたれ込める雲も、自分以外の他人も。自分は不老不死だと思っている。死は現実だが、自分には関係ないと思っている。

もちろん、私たちはこんなことを本気で信じているわけではない。頭ではちゃんとわきまえているが、本能的にそれを信じ、それに従って生きてしまっている。そのために自分のニーズを他人のニーズよりも優先させてしまうのだ。本当は、心の中では自分勝手でなく、今現在起きていることを意識して、オープンで愛情深い人になりたいと思っているのに。

そこで、二つ目の難問は「どうやったら優しくなれるのか?」だ。どうしたらもっと愛情深く、オープンで、自分勝手でなく、妄想ではなく現実を把握できるようになれるのだろうか?

良い質問だが、残念ながら、残り時間が3分しかない。なので、これだけは言っておこう。方法はある。これまでの人生で誰にでも、高優しさ期と低優しさ期があっただろう。どうすれば後者を避けて、前者に至れるかわかっているはずだ。

教育は大事だ。芸術に浸るのもいい。お祈りも瞑想も役に立つ。親しい友人と腹を割って話すこともだ。何らかの伝統的な宗教に身を置くのもいい。無数の賢い人々が同じ問いを投げかけ、答えを残しているからだ。優しさというのは難しいものだ。みんな仲良くすることから始まって、あらゆるものが含まれるからだ。

一つ有利なことがある。歳を重ねることで自然と優しくなれるものだ。単に丸くなるだけかもしれない。歳をとるにつれて、自分勝手でいることがどれほど無意味で、馬鹿げたことかがわかるようになる。他人を愛するようになり、その結果、自己中心的ではいけないことを学ぶのだ。実生活で打ちのめされたとき、人々が守ってくれ、助けてくれると、自分が切り離されていないことを学び、そうでないことを望むようになる。

君たちに予言と、私の心からの願いを伝えたい。君たちが歳をとるにつれて、自我はしぼんでいき、愛が大きくなる。「自己」が、だんだん「愛」に取って代わられていくのだ。子供を持つようになったら、自我がしぼんでいく過程の大きな契機となるだろう。子供のためなら、自分のことなどどうなろうが気にしなくなるものだ。だから今日、君たちのご両親はこんなにも誇りに思い、幸福に浸っている。ご両親の心からの願いが叶ったからだ。君たちは人間として成長し、これからの人生をずっと良いものにしてくれる、大学卒業という困難で目に見える成果を遂げたのだから。

ところで、卒業おめでとう。

（スピーチの一部を省略しています）

あなたの代わりはいないんだ。

音楽プロデューサー

つんく♂

近畿大学入学式 祝辞

2015年4月4日

つんく♂ ▶ 1968年大阪府生まれ。近畿大学在学中の1988年、ロックバンド・シャ乱Qを結成。リードボーカルとして「シングルベッド」「ズルい女」「いいわけ」などのミリオンヒットを世に送り出す。1990年代後半以降、モーニング娘。およびハロー！プロジェクトの総合プロデュースを担当。2014年3月、喉頭ガンを発症したことを公表。同年より母校・近畿大学入学式のプロデューサーを務めており、翌年の式典においてスクリーンに映し出された祝辞の文言で、初めて手術により声帯を摘出したことを明らかにした。

平成27年度　近畿大学にご入学の皆さん　入学おめでとうございます！　この大学の卒業生でもあります私「つんく♂」と申します。

正直言いましょう、今日のこの入学式には、近畿大学にひっしのぱっちで入学した人。狙い定めて入った人。結果的に（滑り止めで）近畿大学に入った人。いろんな人がいるでしょう。

でも、あなたにとってどの大学が正解だったんでしょうか…それはわかりません。ただ、ひとつ言えるのは、この先の人生で、あなた自身が「ああ、この大学に入ってよかったな。」という道を歩めば良いんだと思います。

なぜ、今、私は声にして祝辞を読みあげることが出来ないのか…それは、私が声帯を摘出したからです。去年から喉の治療をしてきていましたが、結果的に癌が治りきらず、摘出するより他なかったから、一番大事にしてきた声を捨て、生きる道を選びました。

そんな私に、「今年も近畿大学の入学式のプロデュースをお願いしたい！」と、この大学から依頼がありました。その時に思いました。「ああ、この大学を卒業してよかったな。こんな私がお役に立てるなら精一杯頑張ろう！」そう心に思いました。昨年末から何度も大学とメールでやり取りしたり、スタッフが伝言してくれたり、を繰り返しつつ、今日、この日を迎えました。

KINDAI GIRLS（※1）の皆さん、吹奏楽、応援部の皆さん、その他たくさんの学生の皆さんが、今日の日の為に夢中でレッスンしたり、準備してくれました。「みんなと一緒に新入生を迎え入れよう！」と。

ここまでの人生はもしかしたら受け身だった人もいるかもしれません。親が言うから…学校の先生がすすめたから…でも、もうすぐ皆さんは成人します。もう自分の人生も歩んで行くんです。後悔しても意味がないんです。今から進んでいくんです。自分で決めて進んで行けば、絶対に何かを得、そしてまた次のチャンスへと繋がっていくんだと思います。

私も声を失って歩き始めたばかりの1回生。皆さんと一緒です。こんな私だから出来る事。こんな私にしか出来ない事。そんな事を考えながら生きていこうと思います。

皆さんもあなただから出来る事。あなたにしか出来ない事。それを追求すれば、学歴でもない、成績でもない、あなたの代わりは無理なんだという人生が待っていると思います。

近畿大学はどんな事にもチャレンジさせてくれます。だから何もしなかったら何もしないなりの人生をチョイスすることになるし、自分で切り開いていく道を選べば、きっと自分を大きく育てるようなそんな大学生活になるでしょう。仲間や友人をたくさん作り、世界に目をむけた人生を歩んでください。私も皆さんに負けないように、新しい人生を進んで行きます！

だから最後にもう一度言わせてください。皆さん、近畿大学への入学、本当におめでとう！「ああ、良かった！」と思える大学生活をセルフプロデュースしてください！

そして、今日のこの出会いに感謝します。ありがとう！

つんく♂

平成27年4月4日
近畿大学入学式プロデューサー

（スクリーンに映し出された原文ママ）

※1　在学生、新入生によって結成されたパフォーマンスユニット。

両陛下が ご覧になった映画が、 「アウトレイジ」 ではないことを 祈るばかりです。

映画監督、タレント

北野 武

天皇陛下即位30年を祝う祭典「感謝の集い」 祝辞

2019年4月10日

北野 武 ▶ きたのたけし。1947年東京都生まれ。1972年、漫才コンビ「ツービート」を結成。ビートたけしの芸名で1980年代初頭の漫才ブームを席巻し、以降バラエティ界のトップで活躍。1989年、「その男、凶暴につき」で映画監督デビュー。代表作に「ソナチネ」「キッズ・リターン」「HANA-BI」「アウトレイジ」などがある。

お祝いの言葉。

天皇、皇后両陛下におかれましては、ご即位から30年の長きにわたり、国民の安寧と幸せ、世界の平和を祈り、国民に寄り添っていただき、深く感謝いたします。

私はちょうど60年前の今日、当時12歳だったその日、母に連れられて、日の丸の旗を持つ大勢の群衆の中にいました。波立つように遠くのほうから歓声が聞こえ、旗が振られ、お二人の乗った馬車が近づいてくるのがわかりました。

母は私の頭を押さえ「頭を下げろ。決して上げるんじゃない」とポコポコ殴りながら、ばちが当たるぞと言いました。私は母の言う通り、見たい気持ちを抑え、頭を下げていました。そうしないとばちが当たって、急におじいさんになっていたり、石になってしまうのではないかと思ったからです。

そういうわけで、お姿を拝見することは叶いませんでしたが、お二人が目の前を通り過ぎていくのは、はっきりと感じることができました。

私が初めて両陛下のお姿と接したのは、平成28年のお茶会のときでした。なぜか呼ばれた私に、両陛下は「交通事故の体の具合はどうですか。あなたの監督した映画を見ています。どうかお体を気をつけてください、頑張ってください」とお声を掛けていただきました。

このとき、両陛下が私の映画のことや体のことまで知っていたのだと驚き、不思議な感動に包まれました。ただ、今考えてみれば、両陛下がご覧になった映画が、不届き者を2人も出した「アウトレイジ」ではないことを祈るばかりです。

また、お土産で頂いた銀のケースに入っている金平糖は、今や我が家の家宝になっており、訪ねてきた友人に1粒800円で売っております。

5月からは元号が令和に変わります。私がかつていたオフィス北野も新社長につまみ枝豆を迎え、社名を変えて「オフィス冷遇」にして、タレントには厳しく当たり、変な情をかけないことと決めました。

私は、自分が司会を務めた番組で、私たちがニュースなどで目にする公務以外にも、陛下は1月1日の四方拝をはじめ、毎日のように国民のために儀式で祈りをささげ、多忙な毎日を過ごされていることと聞きました。

皇后陛下におかれましては「皇室は祈りでありたい」とおっしゃいました。お言葉の通り、両陛下は私たちのために日々祈り、寄り添ってくださっていました。私は感激するとともに、今、感謝の気持ちでいっぱいです。

平成は平和の時代であった一方、災害が次々に日本を襲った時代でもあります。そのたびに、ニュースでは天皇、皇后両陛下が被災地をご訪問され、被災者に寄り添う姿が映し出されました。

平成28年8月、陛下は次のように述べられております。

「私は、これまで天皇の務めとして、何よりもまず国民の安寧と幸せを祈ることを大切に考えてきましたが、同時に事に当たっては、時として人々の傍らに立ち、その声に耳を傾け、思いに寄り添うことも大切なことと考えてきました」

国民の近くにいらっしゃり、祈る存在であること、そのお姿に私たちは救われ、勇気と感動を頂きました。

改めて、平成という時代に感謝いたします。また、ずっと国民に寄り添っていただける、天皇、皇后両陛下のいらっしゃる日本という国に生を享けたことを幸せに思います。

ありがとうございました。

頑張っても、それが公正に報われない社会があなたたちを待っています。

社会学者

上野千鶴子

東京大学入学式 祝辞

2019年4月12日

上野千鶴子 ▶ うえのちづこ。1948年富山県生まれ。京都大学大学院社会学専修博士課程を退学後、平安女学院大学短期大学部、京都精華大学、東京大学、立命館大学などで教鞭を執る。専攻は家族社会学、ジェンダー論、女性学。現在、認定NPO法人ウィメンズ　アクション　ネットワーク理事長、東京大学名誉教授。東大入学式でのスピーチには“祝辞を越えて内容”として賛否両論あったが、本人は「当たり前のことを言っただけ」と述べている。

皆さま、ご入学おめでとうございます。

あなたたちは激烈な競争を勝ち抜いてこの場に来ることができました。その選抜試験が公正なものであることをあなたたちは疑っておられないと思います。もし不公正であれば、怒りが湧くでしょう。が、しかし、昨年、東京医科大不正入試問題（※1）が発覚し、女子学生と浪人生に差別があることがわかりました。文科省が全国81の医科大・医学部の全数調査を実施したところ、女子学生の入りにくさ、すなわち女子学生の合格率に対する男子学生の合格率は平均1・2倍と出ました。問題の東医大は1・29、最高が順天堂大の1・67、上位には昭和大、日本大、慶應大などの私学が並んでいます。1・0よりも低い、すなわち女子学生の方が入りやすい大学には鳥取大、島根大、徳島大、弘前大などの地方国立大医学部が並んでいます。ちなみに東京大学理科3類は1・03。平均よりは低いですが1・0よりは高い、この数字をどう読み解けばいいでしょうか。

統計は大事です、それをもとに考察が成り立つのですから。女子学生が男子学生より合格しにくいのは、男子受験生の成績のほうが良いからでしょうか？　全国医学部調査結果を公表した文科省の担当者が、こんなことを言ってます。「男子優位の学部、学科は他に見当たらず、理工系も文系も女子が優位な場合が多い」。ということは、医学部を除く他学部では、女子の入りにくさは1・0以下であること、医学部が1を越えていることには、なんらかの説明が要ることを意味します。

事実、各種のデータが、女子受験生の偏差値のほうが男子受験生より高いことを証明しています。まず第1に女子学生は浪人を避けるために余裕を持って受験先を決める傾向があります。第2に東京大学入学者の女性比率は長きにわたって「2割の壁」を越えません。今年度に至っては18・1%と前年度を下回りました。統計的には偏差値の正規分布に全く男女差はありませんから、男子学生以上に優秀な女子学生が東大を受験しいることになります。第3に、4年制大学進学率そのものに性別によるギャップがあります。2016年度の学校基本調査によれば4年制大学進学率は男子が55・6%、女子48・2%と7ポイントの差があります。この差は成績の差ではありません。「息子は大学まで、娘は短大まで」でよいと考える親の性差別的な教育投資の結果です。

最近ノーベル平和賞受賞者のマララ・ユスフザイさんが日本を訪れて「女子教育」の必要性を訴えました。それはパキスタンにとっては重要だが、日本には無関係でしょうか。「どうせ女の子だし」「しょせん女の子だから」と水をかけ、足を引っ張ることを専門用語で“aspiration の cooling down”＝意欲の冷却効果と言います。マララさんのお父さんは「どうやってこの子を育てたんですか」と聞かれて「娘の翼を折らないようにしました」と答えました。そのとおり、多くの娘たちは子供なら誰でも持っている翼を折られてきたのです。

物議を醸した上野千鶴子氏の祝辞

そうやって東大に頑張って進学した男女学生を待っているのは、どんな環境でしょうか。他大学との合同コンパで東大の男子はモテます。東大の女子学生からはこんな話を聞きました。「キミ、どこの大学?」と聞かれたら「東京、の、大学」と答えるのだそうです。なぜかといえば「東大」と言えば引かれるから、だそうです。なぜ男子学生は東大生であることに誇りが持てるのに、女子学生は答えに躊躇するのでしょうか。なぜなら、男性の価値と成績の良さは一致しているのに、女性の価値と成績の良さとの間には、ねじれがあるからです。女子は子供のときから「かわいい」ことを期待されます。ところで「かわいい」とはどんな価値でしょうか？　愛される、選ばれる、守ってもらえる価値には、相手を絶対におびやかさないという保証が含まれています。だから女子は、自分が成績が良いことや、東大生であることを隠そうとするのです。

東大工学部と大学院の男子学生5人が、私大の女子学生を集団で性的に凌辱した事件がありました。加害者の男子学生は3人が退学、2人が停学処分を受けました。この事件をモデルにして姫野カオルコさんという作家が『彼女は頭が悪いから』という小説を書き、昨年それをテーマに学内でシンポジウムが開かれました。「彼女は頭が悪いから」というのは、取り調べの過程で、加害者の男子学生が実際に口にした言葉だそうです。この作品を読めば、東大の男子学生が社会からどんな目で見られているかがわかります。今、東大生協でベストセラーだそうですが。

東大には今でも東大女子が実質的に入れず、他大学の女子のみに参加を認める男子サークルがあると聞きました。私が学生だった半世紀前にも同じようなサークルがありました。それが半世紀後の今日も続いているとは驚きです。この3月に東京大学男女共同参画担当理事・副学長の名前で、女子学生排除は「東大憲章」が唱える平等の理念に反すると警告を発しました。

これまであなたたちが過ごしてきた学校は、タテマエ平等の社会です。偏差値競争に男女別はありません。が、大学に入る時点ですでに隠れた性差別が始まっています。社会に出れば、もっとあからさまな性差別が横行しています。東大もまた例外ではありません。

学部においておよそ20％の女子学生比率は、大学院になると修士課程で25％、博士課程で30・7％になりますが、その先、研究職となると、助教の女性比率は18・2、准教授で11・6、教授職で7・8％と低下します。これは国会議員の女性比率より低い数字です。女性学部長・研究科長は15人のうち1人、歴代総長には女性はいません。

こういうことを研究する学問が40年前に生まれました。女性学という学問です。のちにジェンダー研究と呼ばれるようになりました。私が学生だった頃には女性学という学問はこの世にありませんでした。なかったから、作りました。女性学は大学の外で生まれて、大学の中に入ってきました。

4半世紀前、私が東京大学に赴任したとき、私は文学部で3人目の女性教員でした。そして女性学を教える立場に立ちました。女性学を始めてみたら、世の中は解かれていない謎だらけでした。どうして男は仕事で女は家事って決まっているの？　主婦ってなあに、何する人？　ナプキンやタンポンがなかった頃には月経用品は何を使っていたの？　日本の歴史に同性愛者はいたの？　誰も調べたことがなかったから、先行研究というものがありません。ですから何をやってもその分野のパイオニア、第一人者になれます。今日東京大学では、主婦の研究でも、少女マンガの研究でもセクシュアリティの研究でも学位が取れますが、それは私たちが新しい分野に取り組んで、闘ってきたからです。ただし、就職の保証はありません。

そして私を突き動かしてきたのは、あくことなき好奇心と、社会の不公正に対する怒りでした。学問にもベンチャーがあります。衰退していく学問に対して、新しく勃興していく学問があります。女性学はベンチャーでした。女性学に限らず、環境学、情報学、障害学など様々な新しい分野が生まれました。時代の変化がそれを求めたからです。

言っておきますが、東京大学は変化と多様性に開かれた大学です。私のような者を採用し、この場に立たせたことがその証です。東大には、国立大学初の在日韓国人教授、姜尚中《かんさんじゅん》さん、国立大学初の高校卒の教授、安藤忠雄さん、また盲ろう障害者である教授、福島智さんもいらっしゃいます。

あなたたちは選抜されてここに来ました。東大生一人あたりにかかる国費負担は年間500万円と言われています。これから4年間、素晴らしい教育学習環境があなたたちを待っています。その素晴らしさは、ここで教えた経験のある私が請け合います。

あなたたちは頑張れば報われる、と思ってここまで来たはずです。ですが、冒頭で不正入試に触れたとおり、頑張っても、それが公正に報われない社会があなたたちを待っています。そして頑張ったら報われるとあなた方が思えることそのこと自体が、あなた方の努力の成果ではなく、環境のおかげだったことを忘れないようにしてください。あなたたちが今日「頑張れば報われる」と思えるのは、これまであなたたちの周囲の環境が、あなたたちを励まし、背を押し、手を持って引き上げ、やりとげたことを評価してほめてくれたからこそです。世の中には、頑張っても報われない人、頑張ろうにも頑張れない人、頑張りすぎて心と体をこわした人たちがいます。頑張る前から、「しょせんおまえなんか」「どうせ私なんて」と頑張る意欲をくじかれる人たちもいます。

あなたたちの頑張りを、どうぞ自分が勝ち抜くためだけに使わないでください。恵まれた環境と恵まれた能力とを、恵まれない人々を貶めるためにではなく、そういう人々を助けるために使ってください。そして強がらず、自分の弱さを認め、支え合って生きてください。女性学を生んだのはフェミニズムという女性運動ですが、フェミニズムは決して女も男のようにふるまいたいとか、弱者が強者になりたいという思想ではありません。フェミニズムは弱者が弱者のままで尊重されることを求める思想です。

あなた方を待ち受けているのは、これまでのセオリーが当てはまらない、予測不可能な未知の世界です。これまであなた方は正解のある知を求めてきました。これからあなた方を待っているのは、正解のない問いに満ちた世界です。学内に多様性がなぜ必要かといえば、新しい価値とはシステムとシステムの間、異文化が摩擦するところに生まれるからです。

学内にとどまる必要はありません。東大には海外留学や国際交流、国内の地域課題の解決に関わる活動をサポートする仕組みもあります。未知を求めて、よその世界にも飛び出してください。異文化を怖れる必要はありません。人間が生きているところでなら、どこでも生きていけます。あなた方には、東大ブランドが全く通用しない世界でも、どんな環境でも、どんな世界でも、たとえ難民になってでも、生きていける知を身につけてもらいたい。大学で学ぶ価値とは、すでにある知を身につけることではなく、これまで誰も見たことのない知を生み出すための知を身につけることだと、私は確信しています。知を生み出す知を、メタ知識といいます。そのメタ知識を学生に身につけてもらうことこそが、大学の使命です。

ようこそ、東京大学へ。おめでとう。

※1　2018年8月、東京医科大学が女子に対して一律減点をしていたことを内部調査の結果として公表。その後、厚生労働省が全国81大学を調査したところ、計10大学の医学部が募集要項には記載のない不適切な得点調整を行っていたことが明らかとなった。

自分だけのドーナツを見つけてください。

トヨタ自動車CEO

豊田章男

バブソン大学卒業式 祝辞

2019年5月18日

豊田章男 ▶ とよだあきお。1956年愛知県生まれ。慶應義塾大学法学部卒業。米バブソン大学経営大学院修了。金融業界を経て、1984年、父が経営するトヨタ自動車に入社。2009年よりトヨタ自動車株式会社代表取締役社長兼CEOに就任。

まずは、今年の卒業生にお祝いの言葉を述べさせてください。

大切なことだけ言います。皆さんの中には、卒業後にどんな仕事につけるか、不安に感じている人もいるかと思います。どこの会社が仕事のオファーをしてくれるか、不安に思っているかもしれません。

それでは皆さんの心配事をまずは解決しましょう。皆さん全員にトヨタでの仕事をプレゼントします。ただ、まだ人事部からＯＫはもらっていないですが、たぶん大丈夫だと思います。


私がバブソン大学の学生だったとき、自分には勉強以外の時間や生活は考えられませんでした。英語で授業を受けることは本当に大変なことでした。自分の時間は全て授業のために使いました。

パーティーに行ったこともありません。ホッケーの試合にも行きませんでした。寮から教室へ行き、図書館に寄って、寮に戻り、そしてまた寮から教室、図書館へ。この繰り返しでした。だからバブソンで勉強していたときの私は、一言で言うと「つまらない人間」でした。しかし、卒業してニューヨークで働き始めると、私はすぐに失った時間を取り戻し、「夜の帝王」となったのです。

今日、お伝えしたいことは「つまらない人間になるのではなく、楽しみましょう」ということです。

幸せな人生には何が必要か。喜びをもたらすものは何なのか。自分自身で見つけ出すことが大切です。

私がバブソンの学生だった頃、自分で見出した喜びは「ドーナツ」でした。アメリカのドーナツがこんなにも素晴らしく、喜びになるなんて、思いもしませんでした。皆さんも自分だけのドーナツを見つけてください。夢中になれるものを見つけたら、手放さないでください。

私は、皆さんが乗り越えなくてはならない山や、対処すべき課題といった、ありきたりの話をここにしに来たわけではありません。むしろ、前だけを見て、全てうまくいくと考えるべきです。

でも、そのあとに、一筋縄ではいかなくなります。なぜなら皆さんは成功するからです。皆さんは出世しお金を稼ぎます。でもその仕事を楽しめているでしょうか？　心から没頭できているでしょうか？

皆さんのように才能がある人は、ある日目覚めて、自分が現状から抜け出せないよう、縛らせていることに気づきます。住宅ローンとバブソンを卒業させる必要がある子供が３人。家業を引き継ぐか、外に出るか。皆さんが、心からやりたいことは何か、今こそ、それを見つけ出すときです。

少年だった頃、私はタクシードライバーになりたいと思っていました。夢は叶いませんでしたが、今はそれに近いことをやれていると思います。車を運転できますし、常に車に囲まれています。ドーナツより大好きなものがあるとしたら、それは車です。

私たちは80年以上にわたり、車作りを続けていますが、トヨタの事業は、織機作りから始まりました。私の曽祖父は、自動織機を発明しました。織機産業から自動車産業へと会社の転換を行い、今日のトヨ

母校バブソン大学の卒業式で祝辞を述べる
トヨタ自動車CEO・豊田章男氏

タ自動車を創設したのです。

私はトヨタを経営する豊田家の三代目です。三代目は苦労を知らないとか、三代目が会社をつぶすという、ことわざを皆さん聞いたことがあるでしょう。たぶん、そうならないと願っています。なんといっても、私はバブソンを卒業したのですから。

私が社長になってすぐに景気が後退し、東日本大震災も経験しました。リコール問題では、ワシントンの公聴会で証言しなければなりませんでした。そのとき、本当にタフシードライバーになっていれば良かったと思いました。

ここバブソンで学んだことを、トヨタで日々実践するという意味では、今のところうまくいっているのかもしれません。私がバブソンでいちばん叩き込まれたことは、起業家精神です。トヨタほどの大きな会社でもスタートアップだと考えるようにしています。

皆さんのご家族が何十年も経営されているビジネスにとって、大きな課題のひとつは「必要なときに劇的な変化を起こすことができるか」ということです。

いかに物事を客観的に見られるか。感傷的な理由で何かに固執せずにいられるか。織物ではなく、車を作るために、そして次の何かを作るため、リスクを取ることができるか。今、自動車産業もまた、大変革の真っ只中にいます。私でさえ、20年後どのような車が走っているのか予測不可能です。

私はバブソンで過ごした日々の中で、変化から逃げるのではなく、変化を受け入れることを学びました。皆さんも同じであってほしいと思っています。

私はよく「豊田の名前が負担にならないか」と聞かれます。皆さんぐらいの歳の頃はイエスと答えていたかもしれません。しかし今、私はこの名前がつくトヨタという会社と、トヨタを世界中に支えていただいている何十万もの仲間をとても誇りに思っています。

では早送りして、皆さんが成功して、本当に大好きなことをしているとしましょう。CEOからCEOにアドバイスさせてください。

しくじらないでください。当たり前だと思わないでください。正しいことをやりましょう。正しいことをすれば、お金はついてきます。歳をとっても、新しいことに挑戦してください。

10年前、トヨタの社長になったときに、マスタードライバーだった方にこう言われました。

「運転の仕方もわからない人にああだこうだ言われては困る」

そこで私は、52歳でマスタードライバーになるための訓練に挑戦しました。父にはやめろと言われましたが、レーシングカーを運転するためではなく、本当の目的は、車の正しい運転の仕方を学び、エンジニアたちとコミュニケーションするためでした。

つまり、私がお伝えしたいことは、皆さんは「常に何か新しいことを学ばなければならない」ということです。何歳になっても同じです。誰もが生徒になることはできます。生徒というのは、いつだって最高の仕事です。

あなたに影響を与える人を見つけてください。誰かに刺激を与える人になってください。立派なグローバル市民になってください。環境のこと、地球のこと、世界で何が起こっているか、いつも気にかけてください。格好をつけるのではなく、温かい人になってください。自分自身のブレない軸を決めてください。

トヨタでは、誠実さ、謙虚さ、尊敬といった価値観を大切にしており、それらを「トヨタウェイ」と呼んでいます。これはトヨタにとっては北極星のようなもので、私たちを導く光です。皆さん自身を導く光を見つけてください。その光に導かれて、様々なことを判断してください。世界がより良い場所となるよう、皆さんが手助けをしてくれるはずです。

お集まりの皆さま、学生の皆さん。卒業は終わりの日であり、全てが始まる日でもあります。日本では、新しい天皇が即位されると、新しい時代が始まります。日本の暦は元年として始まるのです。

日本では5月1日から新時代が始まりました。各時代には名前があり、今回は「令和」です。「美しいハーモニー」という意味です。

皆さん自身の、新たな時代が始まろうとしています。時計の針は最初に戻り、皆さんの可能性は無限大です。皆さんの時代が、美しいハーモニーと、成功と、そしてたくさんのドーナツで満たされていることを願っています。ご清聴ありがとうございました。

（スピーチの一部を省略しています）

皆さんは、
あきらめるには
遅すぎるところまで
来てしまった。

ラッパー

ミッシー・エリオット

バークリー音楽大学卒業式 祝辞

2019年5月21日

ミッシー・エリオット ▶ 1971年米ヴァージニア州生まれ。インパクトのある顔立ちと圧倒的かつ特異なパフォーマンスで、独自の存在感を放つアーティスト。R＆Bグループ「シスタ」の活動を経て、ソロ・ラッパーへ。これまでグラミー賞を5度受賞、CD総売上は700万枚以上。音楽プロデューサー、女優としても活躍。

2019年の卒業生の皆さま、おめでとうございます。ここで長々とお話しするつもりはありません。ただ、これだけはお伝えさせてください。
人生これからアップダウンがあるでしょう。その心構えをしておいてください。いつも言われていることかもしれませんが、あきらめないでください。もしずっと昔に私があきらめていたら、私が今日ここに立つことはなかったでしょう。皆さんは、あきらめるには遅すぎるところまで来てしまいました。

私のキャリアの中で起きた小さい出来事についてお話ししたいと思います。私が初めてフィーチャーアーティストに選ばれたとき、とても嬉しくて「ついにこのときが来た」とみんなに言って回りました。そして今でも覚えていますが、テレビをつけたとき、自分の声が流れているのに、とてもスレンダーできれいな女性が映っていたのです。私は太めですから、自分でないことがわかりました。そのとき初めて、当時みんなが思う美しさが自分にはないのかもしれないと気がついたのです。

この出来事で私はがっかりしました。ガールズグループに所属しましたが、レーベルからクビにされてしまいました。みんなはそれで私があきらめると思ったかもしれません。

けれども、それでもあきらめずにいると、ある晩、自分が音楽賞に12個ノミネートされていることを知り、スピーチを書き、前の日の晩に、鏡の前で練習しながら、あの人にお礼が言いたい、ジャネット・ジャクソンなど大勢のみんなにありがとう、などとやっていました。でも、私がそのスピーチをすることはありませんでした。なぜなら結局、何の賞ももらえなかったからです。

それでも、私は引き続き前進し続けました。病気になって、曲が書けなくなったこともありました。神経システムがシャットダウンしてしまったのです。これでおしまいか、前進し続ける必要がないと思いました。しかし、私のスピリットのうちにある何かが私を駆り立てていたのです。

そして忍耐、私たちには忍耐がなくてはなりません。息をしているうちは遅すぎると

ミッシー・エリオット。2019年5月21日、
母校・バークリー音楽大学で卒業生に向けて

いうことはありません。なぜなら人々は「あなたは歳をとりすぎている」とか「成功するわけがない」とか言うからです。そんなことを信じてはなりません。私が今日、ここに立っていることがその証明です。

ですから、私自身は歩く証拠となり、皆さんが「私はバークリー音楽大学を卒業しました。ミッシー・エリオットが、『あなたたちは、あきらめるには遅すぎるところまで来てしまった』と言っていたのを覚えています」と言うのを、今から何年も経ってから聞きたいと思っています。

皆さんにはあきらめてほしくありません。私は皆さんを愛していますし、感謝を伝えたいと思います。泣き虫でごめんなさい。この帽子もガウンも肌身離したくありません。シャワーを浴びるときも、次のビデオの中でも、どこに行っても一緒です。

本当にありがとう。愛しています。

人に優しく。

シンガーソングライター

レディー・ガガ

バーチャル卒業式「ディア・クラス・オブ・2020」祝辞

2020年6月7日

レディー・ガガ ▶ 1986年米ニューヨーク州生まれ。革新的なダンス音楽、並外れた歌唱力、独特のファッション、パフォーマンスの数々で世界的な人気を博し、史上最も売れたアーティストの一人。ジェンダー差別やいじめの撲滅に向けた運動を展開するなど、活発に社会貢献活動を行っている。この祝辞は、新型コロナウイルスの影響で卒業式がキャンセルになった2020年度の卒業生のために、YouTubeが企画・開催したもの。

全国の卒業生の皆さん、こんにちは。レディー・ガガです。

2週間前、別の祝辞を録画しました。皆さんの卒業をお祝いするためです。最初の録画でお話ししたのは新型コロナウイルスを共に経験したことでした。この先、皆さんが次なる一歩を踏み出すにあたり、「優しさ」を広める力を持った人となることがどれほど重要であるかについて、語っていました。

そのあと、ジョージ・フロイドが殺され、続いて、この国の警察による不当な暴力行為と構造的な人種差別に対する抗議活動（※1）が巻き起こりました。私の最初の祝辞は現状にそぐわない気がしました。でも、改めて伝えたい。新しい出来事が多い中でも希望の光もあると。

今はこの国が変わる大きな歴史的瞬間なのです。社会が根本から変わるときなのです。時間はかかるでしょう。忍耐も必要です。でも、必ず良い方向に変わります。

祝辞を書き直しながら、アメリカにおける人種差別について改めて考えました。黒人社会がずっと耐え忍んできた組織的な弾圧や心身への暴力への怒りを考えると、大自然が心に浮かびました。この国の人種差別が、大木が生い茂る大きな森に見えたのです。

コロナ禍でYouTubeから全米の卒業生に
メッセージを贈ったレディー・ガガ

国と同じくらい古い木々。差別の種から生まれた木々です。偏見の枝を伸ばし、抑圧の葉をつけて、暴力の根を地中深く張り巡らす木。巧みに広がり絡み合う根っこは、正体を見極めようとする者を押しのけてしまう。それが私たちの森。それが私たち。何世紀もの間、この社会が助長してきた価値観です。

人種差別を自然にたとえるのは、差別がそれほど身近なものだから。どこにでもあると言えるほどです。でも、今は異議を唱える機会が与えられています。変化を起こす方法を考える機会も。

私は信じています。その変化を起こす人たちが、今これを聞いてくれていると。皆さんこそが未来を育む種子なのです。以前とは違う新しい森へと成長していく種なのです。今よりずっと美しく愛情に満ちた森に。

差別という病を根こそぎにするには3つのものが必要です。この考えは私の信仰と、自然への思いや、人類への希望から生まれました。3つのものとは、時間と十分な努力と神の恵み。新しい森を作るには必要です。この国の人々が心身共に癒され躍動するために、変化を遂げた種子の森を独創的な新しい方法で育てるのです。そこに神の恵みが加わり、母なる自然の優しさを選んでくれれば、時間と努力を費やすかは私たち次第です。神の恵みは私たちが左右できるものではありませんが、信じることはできます。お互いを信じること。愛情をもって花開くこと。皆さんは特別な機会に恵まれたのです。自分の価値観の意味を激動の時期に見つめ直す機会です。今、まさにそれを考えるときなのです。

自分の価値観は、あなた自身が心から信じられるものであるべきです。主義は自分の心に聞き、価値は自分の頭で考えて、正しい行いは感覚を総動員して決めて、そして人類に貢献してください。世界のためにできることは、自分自身から生まれた優しさを示すこと。

前の祝辞では「優しくあるには？」と聞きました。今回にも言えることです。賢く将来有望な皆さんには、今さらの言葉かもしれませんが、あえて答えを贈ります。難しくてもできます。皆さんにもできます。古い森を切り倒し、理想の森を作るのです。

優しくいるのは難しい。クラスに意地悪な子はいる。友だちや家族や他人や学校の先生の中にもいる。自分が意地悪をすることもあ

※1　2020年5月25日、米ミネソタ州ミネアポリス近郊でアフリカ系アメリカ人の黒人男性ジョージ・フロイド（当時47歳）が警察官の不適切な拘束方法によって死亡する事件が発生。この様子を収めた動画が拡散され、人種差別と警察の暴力に抗議するデモがアメリカ全土のみならず世界中で実施された。

る。優しさのない世の中と感じても、人々が優しくなれないわけじゃありません。優しさのない時代であっても、優しくなることはできます。優しくなりましょう。

今日、祝辞を贈るこの機会に、自分の理想を示したかったのです。優しさについてお話ししたのは、私の例を伝えたかったから。大事な問題に直面したとき、私には価値観があります。今、何が必要か？　私の答えは「優しさ」のひと言です。

人それぞれです。今はみんなが活発に意見交換しています。話しましょう。でも、聞くのも大事です。聞くことで学べます。

「ディア・クラス・オブ・２０２０」の皆さん、卒業おめでとう。皆さんの森の成長が楽しみです。

何があっても
あきらめるな。
だって、お前らが
追いかけてるのは
夢なんだから。

芸人

江頭2:50

代々木アニメーション学院入学式 祝辞

2022年4月4日

江頭2:50 ▶ えがしら にじごじゅっぷん。1965年佐賀県生まれ。大川豊が総裁を務める大川興業でコンタキンテと共にコンビ『男同志』を結成、「タモリのボキャブラ天国」などに出演していたが、コンビ解散後はピン芸人として上半身裸に黒タイツのスタイル、体を張った過激な芸などでカルト的人気を博す。2020年2月、YouTubeチャンネル『エガちゃんねる』を開設。2022年7月時点で登録者数は実に322万人。2022年度の代々木アニメーション学院の入学式会場の客席後方からサプライズ登場し、新入生700人に熱いメッセージを送った。

代アニのお前ら。お前らに一言物申ーす！　入学おめでとう。俺はお前らに伝えたいことがある。でも、俺は真面目な話が苦手だから手紙にさせてもらいました。ちょっと読んでいい？

（会場から「はい」の声）

新入生の皆さん、今日皆さんは大きな夢と希望を胸に、この会場に来られたと思います。しかし、世の中、良いことばかりじゃありません。かくいう私もトルコで全裸になって捕まったり、新宿で下半身を出して捕まったり、嫌いな芸人ランキングは9年連続1位。抱かれたくない男ランキングも不動の1位でした。最近では大好きだった佐山愛ちゃんにフラれてしまいました。もうどうしようもない人生です。

でも、そんなことがあったからこそ、好きなユーチューバー・ランキングで2年連続の1位を獲ることができたんだと思っています。

2022年4月4日、都内で開催された代々木アニメーション学院の入学式にサプライズゲストとして登壇した江頭2:50

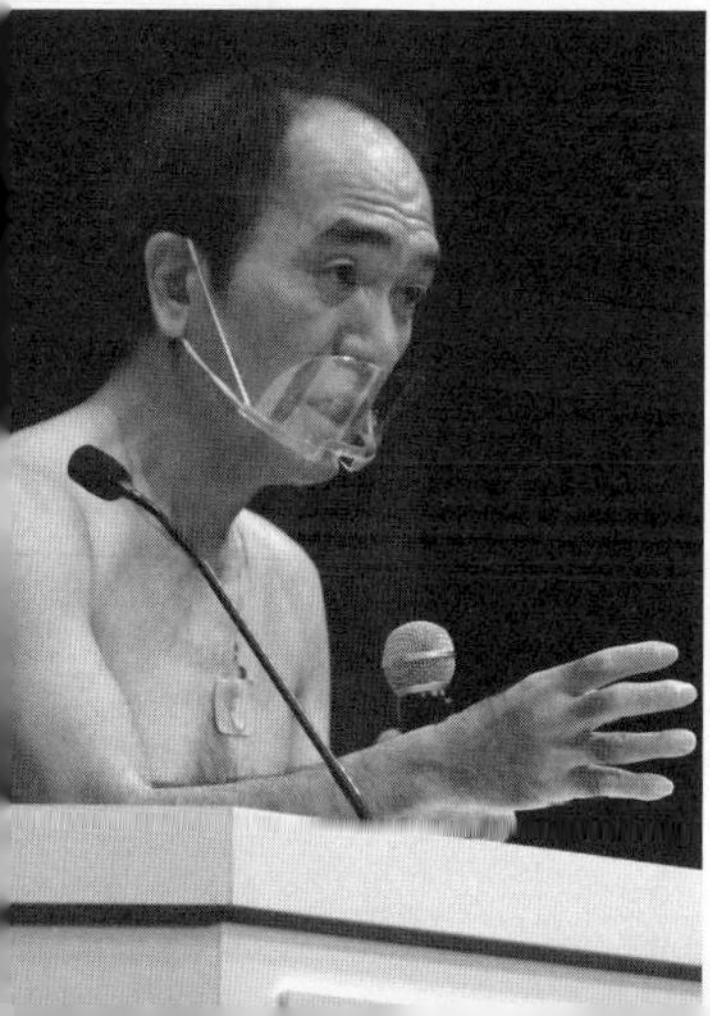

（会場、拍手）

かなり遠回りをしましたが、何が言いたいかというと、何があってもあきらめるな、ということです。夢を追いかけていたら必ず壁にぶち当たります。うまくいかなくて悔しい思いをしたり、恥ずかしい思いをしたり、どうしていいかわからなくなったり。でも、それは当たり前です。だって、お前らが追いかけているのは夢なんだから。簡単に手に入らないから夢なんです。それに打ち勝って掴むのが夢なんです。やりたいと思わないならやらなくていい。でも、やりたいと思ったら、あきらめずにやってください。真剣にやってみてください。

俺はどんな仕事でも真剣です。お尻から粉を出す。これ普通だったらただの変態です。でも、なりふり構わず真剣にやっていると誰かが笑ってくれる。真剣にやるのは若い君たちにとって恥ずかしいことかもしれません。馬鹿にしてくるやつもいます。でも99人が馬鹿にしても1人が応援してくれたら、それでいいじゃねぇか。1人が笑ってくれたら、それでいいじゃねぇか。それでも、もし辛いこと、嫌なことがあったら俺を見ろ！そして笑え！　悩むのがバカバカしくなるから。

代々木アニメーション学院特別CEO　江頭2：50

第2章

反戦と非差別

奴隷を作るために闘うな。自由のために闘え。

俳優、映画監督

チャールズ・チャップリン

映画「独裁者」より

「独裁者」▶チャールズ・チャップリンが監督・製作・脚本・主演を務めた1940年公開のアメリカ映画。ユダヤ人を迫害する仮想国家トメニアの独裁者ヒンケル総統の替え玉を演じさせられることになった理髪師のチャーリーを主人公にしたブラックコメディ。ヒトラーのナチズムを痛烈に批判した作品で、映画のラスト、チャーリーが兵士にラジオを通じて語りかける演説はヒューマニズムを訴えた名スピーチとしてつとに有名。

申し訳ないが……。私は皇帝になどなりたくない。私には関わりのないことだ。支配も征服もしたくない。できることなら、みんなを助けたい。ユダヤ人も、ユダヤ人以外も、黒人も、白人も。私たちはみんな、助け合いたいのだ。人間とはそういうものなんだ。お互いの幸福と寄り添いたいのだ……。お互いの不幸ではなく。憎み合ったり、見下し合ったりしたくないのだ。世界で全人類が暮らせ、大地は豊かで、みんなに恵みを与えてくれる。人生は自由で美しい。

しかし、私たちは生き方を見失ってしまった。欲が人の魂を毒し……。憎しみと共に世界を閉鎖し…。不幸、惨劇へと私たちを行進させた。私たちはスピードを開発し、自分たち自身を孤立させた。ゆとりを与えてくれる機械により、貧困を作り上げてしまった。知識は私たちを皮肉にし、知恵は私たちを冷たく、無情にした。私たちは考えすぎ……。感じなさすぎる。

機械よりも、人類愛が必要なのだ。賢さよりも、優しさ、思いやりが必要なのだ。そういう感性なしでは、世の中は暴力で満ち、全てが失われてしまう。飛行機やラジオが、私たちの距離を縮めてくれた。そんな発明の本質は、人間の良心に呼びかけ、世界がひとつになることを呼びかける。

今も、私の声は世界中の何百万の人々のもとに届いている。何百万もの絶望した男性たち、小さな子供たち。人々を苦しめる組織の犠牲者たち。罪のない人たちを投獄させる者たち。私の声が聞こえている人たちに言う……。絶望してはいけない。私たちに覆いかぶさる不幸は、単に過ぎ去る貪欲であり、人間の進歩を恐れる者たちの憎悪なのだ。憎しみは消え去り、独裁者たちは死に絶えるであろう。人々から奪いとられた権力は、人々のもとに返されるだろう。決して人間が永遠に生きないように、決して自由が滅びることもない。

兵士たちよ。獣たちに身を託してはいけない。君たちを見下し、奴隷にし、人生を操る者たちは、君たちが何をし、考え、感じるかを指図する。君たちを鍛え、食事を制限する者たちは、君たちを家畜として、ただのコマとして扱うのだ。身を託してはいけない。そんな自然に反する者たちなどに。機械人間たち……。機械のマインドを持ち、機械の心を持つ者たちなどに。

君たちは機械じゃない。君たちは家畜じゃない。君たちは人間だ。心に人類愛を持った人間だ。憎んではいけない。愛されない者が憎むのだ。愛されず、自然に反する者だけだ。

兵士よ。奴隷を作るために闘うな。自由のために闘え。『ルカによる福音書』の17章に、「神の国は人間の中にある」とある。ひとりの人間ではなく、一部の人間でもなく、全ての人間なのだ。君たちの中になんだ。君たち、人々は力を持っているんだ。機械を作り上げる力、幸福を作る力を持っているんだ。君たち、人々が持つ力が、人生を自由に、美しくし、人生を素晴らしい冒険にするのだ。


民主国家の名のもとに、その力を使おうではないか。みんなでひとつになろう。新しい世界のために闘おう。常識ある世界のために。みんなに雇用の機会を与えてくれ、君たちに未来を与えてくれ、老後に安定を与えてくれる世界のために。そんな約束をして、獣たちも権力を伸ばしてきた。しかし、奴らは嘘つきだ。奴らは約束を果たさない。これからも果たしはしない。独裁者たちは自分たちを自由にし、人々を奴隷にする。

今こそ闘おう。約束を実現させるために。闘おう。世界を自由にするために。国境のバリアをなくすため。欲望をなくし、嫌悪と苦難をなくすために。理性のある世界のために闘おう。科学と進歩が全人類の幸福へ、導いてくれる世界のために。兵士たちよ。民主国家の名のもとに、みんなでひとつになろう。

同性婚を認めても昨日と同じ日々が続くだけ。

元政治家

モーリス・ウィリアムソン

ニュージーランドにおける同性婚改正法案審議会

2013年4月16日

モーリス・ウィリアムソン ▶ 1951年ニュージーランド生まれ。ニュージーランド国民党に所属していた元政治家で、交通、通信、放送、地方自治、科学技術研究、建設、税関、小企業、統計、国土情報など、複数の大臣職を歴任。2013年のスピーチは「ビッグ・ゲイ・レインボー」と呼ばれ、世界中で称賛を浴びた。現在は米ロサンゼルス郡サンタモニカでニュージーランド総領事を務めている。

私の選挙区の牧師さんから、お電話をいただいたんですよ。「同性婚を認める法案が通れば、その日からゲイによる総攻撃が始まるだろう」と。「ゲイの総攻撃」とはいかなるものか。解釈に困り果てています。私の街の高速道路から大勢のゲイたちが軍隊となって攻めてくるんでしょうか。それともガスか何かが流れてきて、私たちを閉じ込めてしまうんでしょうか。

別のカトリックの司祭さんは「おまえは自然の理に反することを支持するのか」と批判されました。面白いですね。だって、一生独身、禁欲の誓いを立てた人がそう言うんです。まぁ、私には禁欲がどんなものかはよくわかりませんけどね。

「おまえは永遠に地獄の業火で焼かれるだろう」というお手紙もいただきました。これは間違いです。私は物理学の学位を持っているんです。自分の体重や体水分率を測って、熱力学の式で計算してみたんです。地獄の炎を5千度と仮定すれば、私は一瞬で燃え尽きます。わずか2・1秒！　これはとてもじゃないけど永遠とは言い難いと思いますか、いかがでしょうか。

養子縁組についてヘドが出る意見もありました。私には3人の素敵な養子がいますから、養子縁組がどんなに素晴らしいか、よく知っています。そういう邪悪なやり方は実に卑怯ですよ。私は小学校の頃に、そういうイジメを怖がることをやめたんです。

それでも、反対なさる多くの方は常識的な方なんです。この法案が社会に何をもたらすのか、真剣に心配なさっている。その懸念に敬意を表します。この法案が通ると、ご自身の家族に何が起こるか心配なさっているのです。だから、その方々のために繰り返させてください。この法案で我々がやろうとしていることは「愛し合う二人に結婚という手段を認める」、ただそれだけです。これが全てです。

外国に核戦争をしかけるって話はないんです。農作物を全滅させるウイルスもバラ撒きません。ただ、愛し合う二人に結婚の手段を認めるだけです。何が問題でしょうか。お金もかからないのに。なぜ、この法案に反対なさるのかがわからない。

異質なものを遠ざけたいのはわかります。いいんです。我々みんなそんなもんですよ。でも、この法案に反対する人に私は約束しましょう。決して反故にしない約束です。(この法案が成立しても)明日も太陽は昇ります。明日からも生意気な娘さんに口ごたえされます。明日、住宅ローンが増えることはありません。皮膚病になったり、湿疹が

2013年4月16日、
議会で熱弁をふるう
モーリス・ウィリアムソン

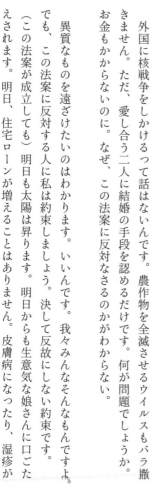

できたりもしません。布団の中からカエルが現れたりもしません。明日からも、ただ毎日が続くんです。だから、大ごとにするのはやめましょう。この法案は当事者からすれば素晴らしいもの、残りの我々からすれば昨日と同じ日々が続くだけなんです。

最後になりますが、私のところに届いた意見をもう一つ紹介させてください。「同性婚法案のせいで干ばつが起こった」と。でも、私のツイッターアカウントをフォローしている方はご存じだと思います。パクランガ（ニュージーランド北部・オークランドの南東郊外）では今朝、雨が降ったんですよ。そしたら、今まで見たことがないくらい大きな虹、ゲイ・レインボー（※1）がかかったんです。これは、何かのいい知らせではないでしょうか。あなたがもし信じるならば、それは間違いなく何かのしるしです。

締めくくりに、それでもこの法案を心配している全ての人のために、旧約聖書を引用させてください。申命記です。申命記はなかなか難解なのですが、まぁそれはいいとして、旧約聖書　申命記1章29節。

「懼《おそ》るるなかれ」

※1　1978年、アメリカ人美術家で公民権活動家のギルバート・ベイカーがLGBT（レズ、ゲイ、バイセクシュアル、トランスジェンダー）のシンボルとして“虹”を起案。当初はピンク＝性、レッド＝生命、オレンジ＝癒し、イエロー＝太陽、グリーン＝自然、ターコイズ＝芸術、藍＝調和、パープル＝精神の8色だったが、現在はピンクとターコイズが抜かれ、LGBTのパレードなどで6色のフラッグが用いられることが多い。

仲井眞さん、
弾はまだ一発
残っとるがよ。

俳優

菅原文太

「翁《お》長《なが》雄《たけ》志《し》 うまんちゅ 1万人大集会」応援演説

2014年11月1日

菅原文太 ▶ すがわらぶんた。1933年宮城県生まれ。1956年、東宝から俳優デビュー。「仁義なき戦い」シリーズ、「トラック野郎」シリーズで一世を風靡する。2012年、俳優引退。晩年は反戦、憲法改正阻止、反原発などをテーマに市民運動に精力的だったが、沖縄知事選候補の翁長雄志の応援演説に出席して1ヶ月も経たない2014年11月28日、転移性肝がんによる肝不全で死去。享年81。

こんにちは。

沖縄は、何度来ても気持ちがいいね。

あの、カートに乗って楽をさせてもらったけど、80過ぎたんで、さっきの2人みたいに走れないよ。

30年前ならあの倍くらいのスピードで走ったけどね。

今日は自分から立候補して、ピッチャー交代、知事交代、ということで押しかけてきました。

プロでない私が言うんだから、あてになるのかならないのかわかりませんけど、政治の役割は二つあります。

一つは、国民を飢えさせないこと、安全な食べ物を食べさせること。

もう一つは、これが最も大事です。

絶対に戦争をしないこと。

私は小学校の頃、戦国少年でした。

なんでゲートルを巻いて、戦闘帽をかぶって竹槍を持たされたのか。

今振り返ると本当に、笑止千万です。

もう二度とああいう経験は子供たちに…子供たちだけじゃない、
大学生も、雨の中を、大勢の将来大事な大学生が戦地へ運ばれて、半数が帰ってこなかった。

今の政府と、本土の政府ですよ。

仲井眞知事（※1）は、まさに戦争が起きること、戦争をすることを前提に沖縄を考えていた。

沖縄の人々を裏切り、公約を反故にして、辺野古を売り渡した。

古い映画だけど、「仁義なき戦い」。その流れでいうと、

「仁義なき戦い」の裏切り者の山守、覚えていらっしゃらない方もいるかな？

（会場から「覚えてるよー！」の声）

覚えてるかーっ！

映画の最後で「山守さん、弾はまだ残っとるがよ。一発残っとるがよ」という台詞をぶつけた。

その伝でいくと、

「仲井眞さん、弾はまだ一発残っとるがよ」

と、ぶつけてやりたい。

沖縄の風土も、本土の風土も、海も山も空気も風も、全て国家のものではありません。

そこに住んでいる人たちのものです。

辺野古もしかり。

勝手に他国へ売り飛ばさないでくれ。

まあそうは言っても、アメリカにも、良心厚い人々はいます。

中国にもいる。韓国にもいる。

その良心ある人々は、国が違えど同じ人間だ。みな、手を結び合おうよ。

翁長さんはきっと、そのことを、実行してくれると信じてる。

今日来てる皆さんも、そのことを、肝に銘じて実行してください。

それができない人は、沖縄から、日本から、去ってもらおう。

はなはだ短いけど、終わり！

（スピーチの一部を省略しています）

※1　元沖縄県知事の仲井眞弘多（なかいまひろかず）。2006年、普天間飛行場の辺野古移設に関する日米合意の見直しおよび県外移設を公約として知事選挙に立候補（自民・公明の推薦）、当選したが、2013年12月、安倍晋三総理（当時）と会談し辺野古埋め立て承認を発表。公約違反として沖縄県議会から辞任を求める決議が可決されたものの、決議に拘束力はないとして知事の座に留まった。2014年8月、知事任期満了に伴い、自民・公明の推薦を受け、知事選へ出馬表明。同年11月16日の投開票で、辺野古新基地建設反対を掲げ立候補した元那覇市長の翁長雄志に10万票以上の大差をつけられ落選した。

なぜ戦車を作ることは簡単で、学校を建てることは難しいのか?

人権活動家

マララ・ユスフザイ

ノーベル平和賞　受賞スピーチ

2014年12月10日

マララ・ユスフザイ ▶ 1997年パキスタン生まれ。11歳のとき、イギリスBBC放送のブログに、タリバーン政権下での生活、女子の学ぶ権利を綴った日記を投稿し注目を浴びる。2012年10月、スクールバスでの下校途中にタリバーンから銃撃を受けたが、奇跡的に一命をとりとめ、その後も教育のための活動を続行。その勇気と主張が評価され、2014年、史上最年少の17歳でのノーベル平和賞を受賞。2019年3月、東京で行われた国際女性会議出席のため、初来日を果たした。

この賞をいただく最初のパシュトゥン人、最初のパキスタン人、そして最年少であることを、とても誇りに思います。また、まだ弟たちとけんかするようなノーベル平和賞の受賞者も、私が初めてだと確信しています。世界中が平和になってほしいと思っていますが、私と弟たちにとっては、まだ先のことです。

また、長年、私が生きてきた2倍もの時間を、子供の権利を擁護してきたカイラシュ・サティヤルティさんと共に、この賞を受賞できることを光栄に思います。私たち、インド人とパキスタン人が共に活動し、共に子供の権利という目標を達成することができることを誇りに思います。

この賞は、私だけのものではありません。教育を望みながら忘れ去られたままの子供たちのものです。平和を望みながら、おびえる子供たちのものです。変化を求めながら、声を上げられない子供たちへの賞なのです。

今、私は彼らの権利のために、そして彼らの声を届けるために、ここに立っています。今は、彼らを哀れんでいるときではありません。教育の機会を奪われた子供たちを見るのを、これで最後にするために、行動を起こすべきときなのです。

17歳でノーベル平和賞に輝いた
人権活動家マララ・ユスフザイの受賞スピーチ

私は、人々が私のことを、いろんなふうに呼ぶことに気づきました。ある人は、タリバーンに撃たれた少女。ある人は、自分の権利のために闘う少女。そして今は、「ノーベル賞受賞者」と。弟たちからは「うるさくて、偉そうなお姉ちゃん」と呼ばれているのですが…。

私が知る限り、私は全ての子供たちが質の高い教育を受けることができることや、女性が平等な権利を持てること、そして世界の隅々まで平和であることを願う、熱心で頑固な人間でしかありません。

教育は人生の恵みのひとつであり、生きる上で欠かせないものです。このことを私は、17年間の人生で経験しました。（パキスタン北部の）スワート渓谷にある故郷では、私はいつも学校に通って新たなことを学ぶことを愛していました。何か特別なことがあると、私は友だちと一緒に（植物染料の）ヘナで手を装飾したのを覚えています。花や模様を描くかわりに、私たちは数式や方程式を書いたものでした。

ですが、こうした日々は続きませんでした。観光と美の地であるスワートが突如として、テロリズムの地と化したのです。400以上の学校が破壊され、女性たちはむち打たれました。人々が殺されました。そして私たちのすてきな夢は、悪夢へと変わったのです。
教育は「権利」から「犯罪」になりました。女の子たちは学校に行くのをやめさせられました。しかし、私をとりまく世界が突如として変わったとき、私が優先すべきことも変わったのです。

私には二つの選択肢がありました。一つは黙って殺されるのを待つこと。二つ目は声を上げ、そして殺されることです。私は後者を選びました。声を上げようと決めたのです。

テロリストたちがいう正義を、ただ傍観することはできませんでした。全ての権利を認めず、無慈悲に人を殺し、イスラムを悪用するものだったからです。私たちは声を上げ、そして彼らに言おうと決めたのです。

2012年、テロリストは私たちを止めようとし、バスの中で私と今ここにいる友人を襲いました。しかし、彼らの考えや銃弾が勝利することはありませんでした。私たちは生き延びたのです。そしてその日から、私たちの声はさらに大きくなっていったのです。

私が自分の身に起こったことを話すのは、珍しい話だからではありません。どこにでもある話だからです。多くの少女に起こっている話なのです。

今日、世界の半分では急速な進歩や発展がみられます。しかし、未だに何百万もの人人が戦争や貧困、不正という昔ながらの問題に依然として苦んでいる国もあります。紛争もみられます。何千という無実の人々が命を奪われています。子供たちが孤児になっています。ガザやシリア、イラクでは、多くの家族が難民となっています。アフガニスタンでは、自爆テロや爆弾で、罪のない人々が殺されています。

アフリカの多くの子供たちは、貧しさのために教育に触れることができません。ナイジェリア北部には、今も学校に行く自由がない女の子たちがいます。

カイラシュ・サティヤルティさんが言われるように、インドやパキスタンなどの国の多くの子供たちが、社会的なタブーから教育の権利を奪われており、または、幼くして結婚させられたり、児童労働にかり出されたりしています。

私と同じ歳で、とても仲がいい級友の一人は、いつも勇敢で自信に満ちた女の子で、医者になることを夢見ていました。しかし、夢は夢のままなのです。彼女は12歳で無理やり結婚させられ、息子を産みました。たった14歳のときです。彼女なら、とてもいいお医者さんになれたと思います。ですが、なれませんでした。なぜなら、女の子だったからです。

親愛なる兄弟姉妹の皆さん。いわゆる大人の世界であれば理解されているのかもしれませんが、私たち子供にはわかりません。

なぜ「強い」といわれる国々は、戦争を生み出す力がとてもあるのに、平和をもたらすことにかけては弱いのでしょうか。なぜ、銃を与えることはとても簡単なのに、本を与えることはとても難しいのでしょうか。なぜ戦車を作ることはとても簡単で、学校を建てることはとても難しいのでしょうか。

現代に暮らす中で、私たちはみな、不可能なことはないと信じています。45年前に人類は月に到達し、おそらく火星にもまもなく降り立つでしょう。それならば、この21世紀には、全ての子供たちに質の高い教育を与えられなければなりません。

親愛なる姉妹兄弟の皆さん、私たちは動くべきです。待っていてはいけない。動くべきなんです。政治家や世界の指導者だけでなく、私たち全ての人が、貢献しなくてはなりません。私も、あなたたちも、私たちも。それが私たちの務めなのです。

皆さん、これで終わりにしようと決めた最初の世代になりましょう。誰もいない教室も、失われた子供時代も、無駄にされた可能性も。

男の子や女の子が子供時代を工場で過ごすのも、もうこれで終わりにしましょう。女の子が幼いうちに強制的に結婚させられることも、戦争で子供の命が失われることも、子供が学校に通えないことも、これで終わりにしましょう。

私たちで終わらせましょう。この「終わり」を始めましょう。今、ここから、共に「終わり」を始めましょう。ありがとうございました。

（スピーチの一部を省略しています）

戦争は
最も残酷な形で
女性を破壊します。

作家
森村誠一

「戦争法案廃案！」集会　国会前スピーチ

2015年8月30日

森村誠一 ▶ もりむらせいいち。1933年埼玉県生まれ。10年間のホテル勤務を経て小説家に転身。1969年『高層の死角』で江戸川乱歩賞、1973年『腐蝕の構造』で日本推理作家協会賞、2011年『悪道』で吉川英治文学賞を受賞。現代社会の病理や矛盾に鋭い目を向けた作品群に加え、歴史・時代小説も手がけ、幅広いジャンルにわたる著作は400冊を超える。

（2014年7月、内閣総理大臣の私的諮問機関である安全保障有識者懇談会が提出した報告書を受け、安倍晋三政権は、限定的な集団的自衛権の行使＝武力行使などを認める安全保障法制の整備を決定。翌2015年5月から国会において、「平和安全法制」の審議が開始されたが、これを戦争放棄を謳った憲法9条に違反するとして多くの国民が抗議活動を展開。同年8月30日、「戦争させない・9条壊すな！　総がかり行動実行委員会」主催による『戦争法案廃案！　安倍政権退陣！　8・30　国会10万人・全国100万人大行動』が実施され、国会議事堂前に反対派の12万人が集結。1945年8月14日、生まれ育った街・熊谷で日本最後の空襲に遭い、様々なメディアで反戦のメッセージを訴えてきた作家の森村誠一がマイクを握った）

私はしゃべれと言われれば、1時間ほどしゃべれます。今日与えられたのはたった4分。したがって、今日はこれだけ大勢の集まった女性に対してお話しをします。

戦争は女性を破壊します。最も残酷な形で女性を破壊します。例えば、現在、デモクラシーのシンボルのような憲法においても、女性が美しくある権利を保障するという言葉はありません。なぜ、ないか。それは当たり前のことを憲法で謳う必要はない。

ところが、戦争が終わった当日、日本の女性、全ての日本人、女性を含めて兵士になれという命令が出ました。そのときに女性はどうされたか。まず、女性はもんぺといういちばん醜い衣服を着て、パーマネントをした女性は髪を刈られ、振り袖を着た女性は袖を切られました。

そういう中で女性は竹槍を与えられて、あのとき、ルーズベルトやチャーチルの藁人形に竹槍で、刺し貫く訓練をさせられた。私はそれを見て、大切な女性が破壊されている光景をまざまざと見て、絶対に女性にとって戦争をやってはいけない（と思った）。ごく当たり前の女性の権利を破壊される。安倍政権は、その女性を殺そうとしています。

そして、いちばん最初に犠牲者となるのは若者たち。若者たちがいちばん明白な危険に晒される。そして、女性にとっていちばん大切な『美しさを守る』ということが踏みにじられます。特に今日、この雨を共有した女性たちはこのことを絶対に忘れずに、戦争が始まったら、女性の人権は破壊されるということを絶対に忘れないでいただきたい。いわゆる、女性が壊されるということは、子供が生まれなくなって、人生が破壊されて、そして地球が滅びるということ。女性を軽率に、軽蔑して、そして、竹槍を持たせてB－29を沈める訓練をさせた。こんな馬鹿馬鹿しい戦争はない。

その馬鹿馬鹿しい戦争を、安倍は再びできるような、可能な国家にしようとしています。私もものを書く人間として絶対に許せない。けれども、私はかなり危険な思いをしました。『悪魔の飽食』（※1）という、アンチ平和を、その戦争というものの真実を書いた場合に〝森村誠一暗殺計画〟が企画されました。つまり言論の自由、思想の自由も圧殺された。

皆さん、この中で特にいちばん最初に殺されるのは若い人たちです。それも大学生、高校生が多い。皆さん、今日、降ったこの雨を共有して絶対に忘れない、絶対に安倍を許さない。そして絶対に戦争可能な国家にしてはいけない。それは私たちの責任でもあり、使命でもあり義務でもあります。

以上、4分経ちましたので。どうか皆さん、今日の雨を忘れないように。希望の雨です。どうもありがとうございました。

※1　1981年、森村誠一が発表した、関東軍731部隊（第二次世界大戦中、大日本帝国陸軍が旧満州に拠点を置いた、細菌戦に使用する生物兵器の研究・開発機関）の実態に迫ったノンフィクション小説。翌年発刊の第2部と合わせ、当時だけで280万部を売り上げる大ベストセラーとなった。

思いを
はせるため
私は広島を訪れた。

元アメリカ合衆国大統領

バラク・オバマ

平和記念公園訪問スピーチ

2016年5月27日

バラク・オバマ ▶ 1961年米ハワイ州生まれ。1996年政界入り。2009年、アフリカ系アメリカ人・有色人種として初めて第44大統領に就任。現職米大統領として被爆地・広島を訪問するのはオバマが初で、スピーチのあと、参列した被爆者と言葉を交わし抱き寄せた。

71年前の雲一つない晴れた朝、空から死が降ってきて、世界は一変した。閃光と火の壁が街を破壊した。そして人類が自らを滅ぼす手段を持ったことを明示した。

なぜ、我々はこの地、広島にやってくるのか。そう遠くない過去に放たれた恐ろしい力について思案するために来るのだ。10万人以上の日本人の男性、女性、子供たち、数千人の朝鮮人、十数人の米国人捕虜を含む死者を悼むために来るのだ。彼らの魂は私たちに話しかける。そして彼らは私たちに内面を見つめるように求め、私たちは何者なのか、何者になるかもしれないのかを見定めるよう求めるのだ。

広島を際立たせているのは戦争の事実ではない。暴力的な紛争は原始人にも見られることが遺物からわかる。石英から刃物を作り、木から槍を作ることを学んだ我々の祖先は、こうした道具を狩りだけでなく、同じ人類に対して使った。全ての大陸で、文明の歴史は戦争で満ちている。穀物の不足であれ金（ゴールド）への渇望であれ、国粋主義の熱狂的な扇動や宗教的な熱意であれ、帝国は興亡し、人々は支配されたり、解放されたりしてきた。節目節目で、罪のない人々が苦しみ、無数の死者を出し、彼らの名前は時間と共に忘れられた。

広島と長崎に残酷な結末をもたらした世界大戦は、最も豊かで最も強力な国々の間の戦いだった。彼らの文明は、世界の偉大な都市や素晴らしい芸術を生んだ。その思想家たちは正義と調和と真実についての考えを進展させた。しかし、最も単純な部族間紛争の原因となった支配や征服への同じ基本的な本能によって戦争へと発展した。古いパターンが新しい能力によって、新たな制約もなく増幅した。

数年の間に、およそ6千万人が亡くなった。我々と何ら違いのない男性、女性、子供たちが、撃たれ、たたかれ、行進させられ、爆撃され、収容され、飢えさせられ、ガスで殺された。世界中に、この戦争を記録する多くの場所がある。勇気と英雄の物語を示す記念碑、言葉では言い表せない悪行がこだまする墓地や、からになった収容所がある。

しかし、この空に立ち上ったキノコ雲の姿は、人間性の中心にある矛盾を最も鮮明に想起させる。我々を種として特徴づけるひらめき、思想、創意、言語、道具を作ること、自然界から人類を区別し、自然を我々の意志に従わせる能力。これらがいかに、不相応な破壊力も我々に与えるかということを。

物質的な進歩や社会革新が、どれほどこの真実からわれわれの目をそらさせるのだろうか。我々は、より高度な理由のため、暴力を正当化することをいかに簡単に学んでしまうのだろうか。全ての偉大な宗教は愛と平和と正義への道を約束するが、いかなる宗教にも信教を理由に人を殺すことができると主張した信者がいた。各国は犠牲と協調のもとに国民を結束させる話を説きながら台頭し、偉業が成し遂げられるが、同時にこうした話は自分たちとは異なる人々を虐げ、人間性を奪う口実に利用されてきた。

科学のおかげで私たちは海を越えて交流し、雲の上を飛び、病気を治し、宇宙を理解

現職のアメリカ大統領として
初めて広島を訪れ、
平和祈念公園でスピーチを行う
バラク・オバマ（2016年5月7日）

するが、こうした科学的発見はより性能のいい殺戮《さつりく》兵器にも変わり得る。

近代の戦争は私たちにこの真実を教えてくれる。広島がこの真実を教えてくれる。技術は、人間社会の進歩を伴わなければ我々に破滅をもたらす。原子の分裂へと導いた科学的革命は、モラルの革命も必要とする。

だから私たちはこの場所に来る。私たちはここ、この街の真ん中に立ち、原爆投下の瞬間を想像せずにはいられない。目の当たりにしたことに混乱した子供たちの恐怖を感じずにはいられない。我々は声なき叫びに耳を傾ける。あのひどい戦争、これまで起きた戦争、そしてこれから起きる戦争で命を落とす全ての罪のない人々のことを忘れない。単なる言葉だけでこれらの苦しみを表すことはできない。しかし、私たちには歴史を直視し、こうした苦しみを食い止めるために何をしなければならないかを自問する共通の責任がある。


いつの日か、被爆者の証言の声は聞けなくなるだろう。しかし、１９４５年8月6日の朝の記憶は決して薄れさせてはならない。その記憶のおかげで、私たちは自己満足と戦うことができる。その記憶が私たちの道義的な想像力をたくましくしてくれる。その記憶が私たちに変化を促してくれる。

そしてあの運命の日以来、私たちは希望を持てる選択をしてきた。米国と日本は同盟を構築しただけでなく、戦争を通して得られたものよりもはるかに多くのものを私たちにもたらした友情も築き上げた。欧州の国々は、戦場を、商業と民主主義の結束に代えた連合を構築した。抑圧された人々と国は自由を勝ち取った。国際的な共同体は、戦争を回避し、核兵器の存在を制限、縮小し、究極的には廃絶を目指すための制度と条約を作った。

それでもなお、我々が目にする国家間のあらゆる侵略行為、世界中でのあらゆるテロ、汚職、残虐行為、抑圧は、我々の仕事が決して終わっていないことを示している。悪事を働く人間の能力をなくすことはできないかもしれない。そのため、国家、そして我々が締結している同盟は、自身を守る手段を持つ必要がある。しかし、私の国のように核兵器の備蓄がある国は、恐怖の論理から抜け出す勇気を持ち、核兵器なき世界を追求しなければならない。私が生きているうちに、この目標を実現できないかもしれない。しかし、粘り強い努力によって破滅の可能性を低くできる。こうした備蓄の破棄につながる計画を立てることはできるし、他国への拡散や致死性の物質が狂信者の手に渡るのも阻止できる。

我々は被爆者のこうした話を知っている。原爆を落とした爆撃機のパイロットを許した女性がいる。本当に憎んでいたのが戦争それ自体だったとわかったためだ。この地で死亡した米国人の家族を捜し出した男性がいる。彼らと自分自身の損失は同じと信じていたからだ。

私自身の国の物語も、簡単な言葉から始まった。「全ての人間は生まれながらにして平等であり、その創造主によって、生命、自由および幸福の追求を含む不可侵の権利を与えられている」（米独立宣言）。

この理想の実現は決して容易ではなかった。我々の国内や国民の間でさえそうだった。しかし、この話に忠実であろうと努力する価値はある。それは、真剣な努力に値する理想であり、大陸そして海を越えて広がる理想だ。全ての人間の絶対的な価値を示し、全ての生命は大切であるという揺るぎない主張だ。我々はみな一つの人類という家族の一員であるとの根源的で必然的な考え方だ。これこそ、我々が伝えなければならない物語だ。

これが広島を訪れる理由だ。愛する人、自分の子供たちの朝一番の笑顔、台所の食卓越しの夫や妻との優しい触れ合い、心安らぐ親の抱擁といったことに思いをはせるためだ。こうしたことに思いを寄せると、71年前にここで同じように大切なひとときがあったということがわかる。

亡くなった人々は、我々のような人たちだ。普通の人にはわかることだと思う。みな、戦争はたくさんだと思っている。科学の驚異は暮らしの向上に焦点を当てるべきで、命を奪うものであってはならないと考えている。国々やその指導者が決断を行うときにこの単純な知恵が反映されれば、広島の教訓は生かされたことになる。

世界はここで永遠に変わってしまった。しかし今日、この街の子供たちは平和に一日を過ごすだろう。それはなんと貴重なことか。それは守るに値することであり、全ての子供がそうあるべきだ。これこそ我々が選択できる未来だ。広島と長崎が核戦争の夜明けとしてではなく、私たち自身の道義的な目覚めの始まりとして知られる未来だ。

（スピーチの一部を省略しています）

無礼は無礼を招き、暴力は暴力を駆り立てる。さあ、やりたければやればいい。

俳優

メリル・ストリープ

第74回ゴールデングローブ賞授賞式

2017年1月9日

メリル・ストリープ ▶ 1949年米ニュージャージー州生まれ。「クレイマー、クレイマー」「ソフィーの選択」「マーガレット・サッチャー　鉄の女の涙」で3度、オスカーに輝いたハリウッドを代表する女優。リベラル派として知られ、2017年のゴールデングローブ賞の生涯功労賞（セシル・B・デミル賞）受賞にあたって、名指しを避けながらも痛烈にドナルド・トランプ大統領を批判した。

この部屋にいる皆さん、私たち全員は今、アメリカ社会の中で最も中傷されている層に属しています。しかしそもそも、私たちは何者なんでしょう。ハリウッドとは何なんでしょう。それは、他の場所から来た、たくさんの人たちの集まりでしかありません。

私はニュージャージーで生まれ育ち、そこの公立学校で教育を受けました。ヴィオラ(・デイヴィス)はサウスカロライナの小作人の小屋で生まれ、ロード・アイランドのセントラルフォールズで躍進しました。サラ・ポールソンはフロリダで生まれ、ブルックリンでシングルマザーに育てられました。

サラ・ジェシカ・パーカーはオハイオで7人か8人兄弟の一人として育ちました。エイミー・アダムスはイタリアのヴィチェンツァで生まれました。ナタリー・ポートマンはエルサレムで生まれました。

彼女たちの出生証明書はどこでしょう? あの美しいルース・ネッガはエチオピアのアディス・アベバで生まれ…いいえ、アイルランドで育ちました。そして、ヴァージニアの小さな町の女の子役で受賞候補になってここにいます。

ライアン・ゴズリングは、全てのとても良い人たちがそうであるように、カナダ人ですし、デヴ・パテルはケニアで生まれ、ロンドンで育ち、今回はタスマニア育ちのインド人を演じています。そう、ハリウッドにはよそ者と外国人がうじゃうじゃしているんです。その人たちをみんな追い出したら、アメフトとマーシャルアーツしか見るものはなくなりますが、それは芸術ではありません。

私が言いたいのはこのことです。役者の唯一の仕事は、自分たちと異なる人々の人生に入っていくことで、それはどんな感じなのかを見ている人に感じさせることです。まさにその役目を果たした力強い演技が、この1年もたくさん、たくさんありました。息をのむ、心のこもった仕事ばかりです。

しかし、今年私に衝撃を与えたひとつの演技がありました。私の心にはその釣り針が

トランプ政権発足の1週間前に授賞式に臨んだメリル・ストリープ。米カリフォルニア州ビバリーヒルズのビバリー・ヒルトン・ホテルにて

深く刺さったままです。それが良い演技だったからではありません。良いところなど何ひとつありませんでした。しかしながら、それは効果的で、役目を果たしました。想定された観衆を笑わせ、歯をむき出しにさせたのです。

それは、我が国で最も尊敬される座に就こうとするその人物（ドナルド・トランプのこと）が、（大統領選挙中に）障害を持つリポーターの真似をした瞬間のことです。特権、権力、反撃する能力において彼がはるかに勝っている相手に対してです。それを見た時、心打ち砕かれる思いがしました。そして、その光景がまだ頭から離れません。それが映画の中ではなくて、現実の出来事だからです。

このような他者を侮辱する衝動は、公的な舞台に立つ者、権力を持つ者によって表現されると、他の人も同じことをしていいという許しを与えるようなことになることによって、人々の生活に浸透していくのです。

無礼は無礼を招きます。暴力は暴力を駆り立てます。権力者が他者をいじめるためにその立場を利用するとき、私たちはみな負けるのです。さあ、やりたければやればいいでしょう。

（スピーチの一部を省略しています）

あきらめるな。光に向かって這っていけ。

反核運動家

サーロー節子

ノーベル平和賞　受賞講演

2017年12月10日

サーロー節子 ► さーろーせつこ。1932年広島市生まれ。広島女学院在学中の1945年8月6日、学徒動員され暗号解読助手に就いていた大日本帝国陸軍第2総軍司令部で被爆、建物の下敷きになったが九死に一生を得る。1955年、留学先のアメリカでカナダ出身の英語教師と結婚、トロントに移住。ソーシャルワーカーとなり、被爆体験の講演や広島・長崎の被爆写真パネルの展示などで核兵器廃絶を訴えてきた。2017年、自身が所属するNGO団体「核兵器廃絶国際キャンペーン」がノーベル平和賞を受賞。事務局長のベアトリス・フィンと共に受賞スピーチを行った。

両陛下、ノルウェー・ノーベル賞委員会の高名なメンバーの皆さま。ここにいる、そして世界中にいる運動家の仲間たち。淑女、紳士の皆さま。ＩＣＡＮ（核兵器廃絶国際キャンペーン）の運動を形作る傑出した全ての人々に成り代わって（事務局長の）ベアトリスと共にこの賞を受け取ることは大変な栄誉です。

被爆者は、奇跡のような偶然によって広島と長崎の原爆を生き延びました。私は被爆者の一人としてお話しします。米国が最初の原爆を私が住んでいた都市、広島に投下したとき、私はまだ13歳でした。私は今もあの朝を鮮明に覚えています。8時15分、窓からの青みを帯びた白い閃光に目がくらみました。体が宙に浮かぶ感覚を覚えています。静かな闇の中で意識を取り戻すと、倒壊した建物の中で身動きできないことに気づきました。級友たちの弱々しい叫び声が聞こえてきました。

「お母さん、助けて。神さま、助けて」

そして突然、私の左肩に手が触れるのを感じました。「あきらめるな。頑張れ。助けてやる。あの隙間から光が差すのが見えるか。あそこまでできるだけ速く這っていくんだ」。誰かがこう言うのが聞こえました。這い出ると、倒壊した建物には火がついていました。あの建物にいた級友のほとんどは生きたまま焼かれ、死にました。そこら中が途方もなく完全に破壊されているのを目にしました。
幽霊のような人影が行列をつくり、足を引きずりながら通り過ぎていきました。人々は異様なまでに傷を負っていました。血を流し、やけどを負い、黒く焦げて、腫れ上がっていました。体の一部を失っていました。肉と皮膚が骨からぶら下がっていました。飛び出た眼球を手に受け止めている人もいました。おなかが裂けて開き、腸が外に垂れ下がっている人もいました。人間の肉体が焼けたときの嫌な悪臭が立ち込めていました。

このようにして、私の愛する都市は1発の爆弾によって消滅したのです。住民のほとんどは非戦闘員でした。彼らは燃やされ、焼き尽くされ、炭になりました。その中には私の家族と351人の級友が含まれています。その後の数週間、数ヶ月間、数年間にわたって、放射能の後遺症により予測もつかないような不可解な形で何千もの人々が亡くなりました。今日に至ってもなお、放射能は人々の命を奪っています。

広島を思い出すとき、最初に目に浮かぶのは4歳だった私の甥、英治の姿です。小さな体は溶けて、肉の塊に変わり、見分けがつかないほどでした。死によって苦しみから解放されるまで弱々しい声で水が欲しいと言い続けました。今この瞬間も、世界中で罪のない子供たちが核兵器の脅威にさらされています。甥は私にとって、こうした世界の子供たちを代表する存在となりました。核兵器はいつどんなときも、私たちが愛する全ての人々、いとおしく思う全てを危険にさらしています。私たちはこの愚行をこれ以上許してはなりません。

苦しみと生き延びるためのいちずな闘いを通じて、そして廃虚から復興するための苦闘を通じて私たち被爆者は確信に至りました。破局をもたらすこうした兵器について、私たちは世界に警告しなければならないのです。繰り返し私たちは証言してきました。

しかし、広島と長崎を残虐行為、戦争犯罪と見なすことをなお拒絶する人たちもいたのです。「正義の戦争」を終わらせた「良い爆弾」だったとするプロパガンダを受け入れたわけです。こうした作り話が破滅的な核軍拡競争をもたらしました。今日に至るまで核軍拡競争は続いています。

今も九つの国が都市を灰にし、地球上の生命を破壊し、私たちの美しい世界を未来の世代が住めな

オスロ市庁舎で行われた
ノーベル平和賞の授賞式で演説する
サーロー節子（2017年12月10日）

いようにすると脅しています。核兵器の開発は、国家が偉大さの高みに上ることを意味しません。むしろ、この上なく暗い邪悪の深みに転落することを意味するのです。こうした兵器は必要悪ではありません。絶対悪なのです。

今年7月7日、世界の大多数の国々が核兵器禁止条約の採択に賛成したとき、私は喜びでいっぱいになりました。私はかつて人類の最悪な側面を目撃しましたが、その日は最良の側面を目撃したのです。私たち被爆者は72年の間、禁止されることを待ち続けてきました。これを核兵器の終わりの始まりにしようではありませんか。

責任ある指導者であれば、必ずやこの条約に署名するに違いありません。署名を拒否すれば歴史の厳しい審判を受けることになるでしょう。彼らのふるまいは大量虐殺につながるのだという現実を抽象的な理論が覆い隠すことはもはやありません。「抑止力」とは、軍縮を抑止するものなのだということはもはや明らかです。私たちはもはや恐怖のキノコ雲の下で暮らすことはありません。

核武装した国々の当局者と、いわゆる「核の傘」の下にいる共犯者たちに言います。私たちの証言を聞きなさい。私たちの警告を心に刻みなさい。そして、自らの行為の重みを知りなさい。あなたたちはそれぞれ、人類を危険にさらす暴力の体系を構成する不可欠な要素となっているのです。私たちは悪の陳腐さを警戒しましょう。世界のあらゆる国の、全ての大統領と首相に懇願します。この条約に参加してください。核による滅亡の脅威を永久になくしてください。

私は13歳のとき、くすぶるがれきの中に閉じ込められても、頑張り続けました。光に向かって進み続けました。そして生き残りました。今、私たちにとって、核兵器禁止条約が光です。この会場にいる皆さんに、世界中で聞いている皆さんに、広島の倒壊した建物の中で耳にした呼び掛けの言葉を繰り返します。

「あきらめるな。頑張れ。光が見えるか。それに向かって這っていくんだ」

今夜、燃え立つたいまつを持ってオスロの通りを行進し、核の恐怖という暗い夜から抜け出しましょう。どんな障害に直面しようとも、私たちは進み続け、頑張り、他の人たちとこの光を分かち合い続けます。この光は、かけがえのない世界を存続させるために私たちが傾ける情熱であり、誓いなのです。

（スピーチの一部を省略しています）

愛をもって他人を救え。その先に平和がある。

俳優

ホアキン・フェニックス

第92回アカデミー最優秀主演男優賞　受賞スピーチ

2020年2月9日

ホアキン・フェニックス ▶ 1974年プエルトリコ生まれ。2000年公開の映画「グラディエーター」で注目を浴び、以後「ウォーク・ザ・ライン／君につづく道」「ザ・マスター」「her／世界でひとつの彼女」「ビューティフル・デイ」などで主演。2019年公開の「ジョーカー」において、4度目のノミネートで初のオスカーに輝いた。

今、感謝の気持ちでいっぱいです。この部屋にいる仲間の候補者より自分が優れているとは思いません。なぜなら私たちは同じ愛を共有しているのですから。映画への愛をね。（演技という）この形での表現は、私に素晴らしい人生を与えてくれました。もしそれがなかったら、私がどこに流れついていたかわかりません。しかし、私や映画業界の人々が与えられた最も偉大な贈り物は、声を持たない人々のために、声を上げられる機会だと思っています。

最近、私は私たち全てが直面している悲惨な問題について考えていました。私たちは、別々の社会的主張を擁護していると感じたり、感じさせられたりしているのではないでしょうか。しかし私には、全てに共通項が見えます。性差別や人種差別、ＬＧＢＴＱ＋の権利や先住民族の権利、そして動物の権利のどれについて話していたとしても、それは、不公平に対する闘いについて話しているのです。ひとつの国民、ひとつの人々、ひとつの人種、ひとつの性別、ひとつの種族が、権力を振るい、罪に問われることなく他者を利用して支配する、という考えに対する闘いについて話しているのです。

私たちは、自然界から本当に切り離された存在になっていると思います。私たちの多くは、自分が宇宙の中心だと思い込む自己中心的な世界観を持つという罪を犯してしまっている。私たちは自然界の中に入り込み、その資源を強奪している。私たちは牛を人工的に交配させ、その牛が仔牛を産んだら、母牛が怒りのあまり泣き叫んでいるのは明らかなのにもかかわらず、当たり前の権利であるかのようにその仔牛を奪い去り、本来その仔牛のためにあるはずの母牛の乳を取り上げ、自分たちのコーヒーやシリアルに入れているのです。

私たちは、個人的な変化を怖がっているのではないでしょうか。

映画「ジョーカー」の演技で最優秀主演男優賞を獲得。
その受賞スピーチに場内は感動の拍手を送った。2020年2月9日、
米カリフォルニア州ロサンゼルス市ハリウッドのドルビー・シアターにて

なぜなら、それは自分たちが何かを犠牲にしたり、あきらめることを考えさせるから。だけど人類は、最高の状態では非常に発明的であり、創造的であり、元から独創的なものです。だから私は愛と思いやりを私たちの原則として、これから全ての感情あるものと環境にとって利益があるように変えていくシステムを創造し、発展させ、実現させていくことができると思っています。

私はこの人生でずっと、悪いやつでした。自己中心的で、冷酷で、一緒に仕事するのが難しい人間だった。だから、こんな私にセカンドチャンスをくれた、ここにいる多くの皆さんに感謝しています。私たちは最高のときには、お互いを支え合うことができる。それは過去に犯した間違いを相殺するときではなく、お互いに成長するのを助け、お互いに教え合い、お互いに償うための道しるべとなるときです。

私が17歳の頃、兄（※1）がこんな詞を書きました。

「愛をもって他人を救え。その先に平和がある」

ありがとうございました。

※1　ホアキンの4歳上の兄で俳優のリヴァー・フェニックス。「スタンド・バイ・ミー」「旅立ちの時」「マイ・プライベート・アイダホ」などに出演、その後も活躍が期待されたが、1993年10月、コカインの過剰摂取により死去。享年23。

妻や娘がいることが“まともな男性”を作るわけではない。

政治家

アレクサンドリア・オカシオ＝コルテス

共和党男性議員の女性蔑視発言への反論

2020年7月23日

アレクサンドリア・オカシオ＝コルテス ▶ 1989年米ニューヨーク州生まれ。母親はプエルトリコ出身。2018年の下院議員選挙で28歳と史上最年少の女性議員（民主党）として当選。気候変動問題などに積極的に取り組み、若者から熱狂的な人気を誇る。ヨーホー議員に対する演説はその動画がSNSで拡散され、称賛を浴びた。

（2020年7月20日、アメリカ下院の議事堂で民主党のオカシオ＝コルテス議員が「新型コロナウイルスの感染拡大の中、ニューヨーク市では貧困と失業が犯罪の急増を招いている」と見解を述べたところ、共和党議員のテッド・ヨーホー氏が「非常に不快だ」「あなたは頭がおかしい」などと非難。これに対し、オカシオ＝コルテス議員が「失礼です」と返したところ、ヨーホー議員は「ファッキン・ビッチ（あばずれ）」と口走った。一連のやり取りを耳にしていた記者を通じて、この侮辱発言は大ニュースとなったが、同月22日、ヨーホー議員は「私は45年前に結婚し、2人の娘がいる。自分の発言については十分に認識している。不快な呼び方は同僚議員（オカシオ＝コルテス氏）に対してしたわけではない。誤解されたならお詫びしたい」と自分の言動を否定。23日、オカシオ＝コルテス議員は、下院議事堂で次のように演説した）

ヨーホー議員の言葉が、私を深く傷つけたわけではないことを明確に述べたいと思います。なぜなら私は労働者としてレストランで働いたり、地下鉄に乗ったりしたことがあり、ニューヨークの街を歩いたことがあるからです。

この類の（女性を侮辱する）言葉は真新しいものではありません。私がレストランでハラスメントを受けたときには、ヨーホー議員が発した言葉や、同じような言葉を放つ男性に出会いました。ニューヨーク市の地下鉄でも同様の嫌がらせに遭遇しました。
これは文化的な話なのです。男性は責任を問われず、女性に対する暴力や暴力的な発言が受け入れられ、権力がその全てで男性を支援するという文化があるのです。共和党メンバーであり、選挙で選ばれた議員が私に無礼に話しかけたというだけの話ではなく、アメリカの大統領（ドナルド・トランプ）が去年、私に対して「違う国へ帰れ」と、さも私がアメリカに属さないかのように話してきたこともありました。フロリダ州知事であるデサンティス知事は、私が当選する前に私のことを「あれがなんであろうと」と呼びました。

ヨーホー氏は、妻と2人の娘がいると話しました。私はヨーホー氏の下の娘さんよりも2歳年下です。そして私もまた、誰かの娘です。私の父は、運よく、存命ではないため、自身の娘をヨーホー氏がどう扱ったかを見なくてすみました。私の母は、ヨーホー議員が議員席で見せた私への無礼をテレビを通して見ることになりました。そして私は、自分が両親の娘であり、男性からの暴力を受け入れるようには育っていないと証明するためにここにいます。

ヨーホー氏が私に対して傷つけようとしてきたことは、私だけに対する出来事ではないと言うために、私はここにいます。ヨーホー氏がしたことは、他の男性に、自分の娘にも同じことをして良いと許可を与えたのです。プレスの前であのような言葉を使うと

男性議員の女性蔑視発言を痛快なまでに
撃破したアレクサンドリア・オカシオ=コルテス
（2020年7月23日、アメリカ下院議事堂にて）

き、彼は、自身の妻や娘たち、自身の知り合いの女性たちに対して同じような言葉を使って良いという許可を与えたのです。

それは許容できるものでないと言うために、私はここにいます。あなたの考えは問題ではない。私がどれだけ反対しているかも、腹を立てているかも、人々が他人をどれだけ非道に扱っていると感じているかも関係ないのです。私自身はそのようなことをしません。そして私は、他人が私たちの心を変え、ヘイトを生み出そうとすることを許しません。

娘を持つことが、男性をまともにするとは思いません。妻がいることで、まともな男性が作られるわけではありません。人に対して品格と敬意をもって接することが、まともな男性を作ります。まともな男性が何かをしでかしたときには、私たち全てに言えることですが、まともな男性は全力を尽くし、そして謝罪するでしょう。面目を保つためではなく、選挙に勝つためでもなく、純粋に、自分がつけた傷を治し、認め、全員で前へ進めるように。

最後に、ヨーホー氏には感謝したいと思います。権力がある男性であっても、女性に対して無礼になれるということを世界に示していただいてありがとうございます。

娘たちがいても、罪悪感もなく女性に対して無礼になれるということも。結婚していても、女性に対して無礼になれるということも。世界に対して家族写真を公開して、家族を愛する男性だと見せても、罪悪感もなく、責任を問われることもなく、女性に対して無礼になれるということも。

これはこの国で毎日起こっていることです。この国の国会議事堂の階段で、起こったことです。この国の最も高い地位にある公職に就く者が、女性を傷つけ、私たち女性全てにあのような言葉を使うと認めて起こったことです。

全ては
嘘から始まった。

俳優、元カリフォルニア州知事

アーノルド・シュワルツェネッガー

米議事堂襲撃事件に関する動画メッセージ

2021年1月11日

アーノルド・シュワルツェネッガー ▶ 1947年オーストリア生まれ。1968年渡米。ボディビルダーとして活躍後、俳優に転身。映画「ターミネーター」シリーズなどに出演。2003年、カリフォルニア州知事に就任し、7年2ヶ月務めたのち、俳優業に復帰。議会襲撃とナチスを重ねたスピーチでは、自身も党員である共和党を容赦なく批判し大きな反響を呼んだ。

この国の移民の一人として、アメリカ人の仲間や友人、世界に向けて、最近起こった出来事に関して伝えたいことがあります。

私はオーストリアで育ちました。私はクリスタル・ナハト（水晶の夜）をよく知っています。１９３８年（11月9日）に起こった、ナチスの過激派グループによるユダヤ人襲撃事件です。水曜日（２０２１年１月６日）には、それがアメリカでも起こりました。（大統領選敗北を認めないドナルド・トランプおよび共和党支持者の）暴徒によって議事堂の窓が壊されましたが、それだけではありません。彼らは、私たちが当たり前と思っていた理念を打ち砕きました。彼らはアメリカの民主主義を体現する建物のドアを壊しただけではありません。建国の原則をも踏みにじったのです。

私は民主主義を失った国の、荒れ果てた場所で育ちました。第二次世界大戦の終戦から2年後の１９４７年に生まれました。周りの大人たちは、史上最も邪悪な政権に加担した罪悪感から、酒に溺れていました。全員が反ユダヤ主義者やナチスではなかったけれど、多くは一歩ずつ、追従していったのです。彼らは隣に暮らす人々でした。

これから話す記憶は、今まで公に語ったことはありませんでした。とても辛い記憶だからです。

父は週に1、2回、泥酔して帰宅すると、叫び、家族を殴り、母を脅しました。ですが、私は父を完全に責めることはできませんでした。隣の家も、そのまた隣の家でも、同じように暴力が行われていたからです。私自身の耳で聞き、この目で見たのです。

彼らは戦地で体にけがを負い、自らが目にしたこと、行ったことで精神的な傷を負いました。全ては嘘から始まりました。嘘に嘘が重ねられ、そして不寛容から始まったのです。私はヨーロッパで、社会がどのように制御不能となっていくかを直接、目にしました。

2021年1月11日、YouTubeで民主主義の重要さを訴えたシュワルツェネッガー

ナチスと同じことがまた起こるのではないかと、アメリカと世界が恐れています。私はそれを信じていません。ですが、身勝手さと冷笑は、悲惨な結果を招くと気づくべきです。トランプ大統領は公正な選挙結果を覆そうとしました。彼は嘘をつき、人々をミスリードしてクーデターを企てました。

私の父や当時の隣人たちも、（ナチスの）嘘に惑わされたのです。誤った方向に導かれる先を、私は知っています。トランプ大統領は指導者として失格です。彼は史上最悪のアメリカ大統領となるでしょう。彼自身がまもなく、古いツイートのように消えていくのは良いことですが、彼の嘘と裏切りを容認した政治家たちはどうするべきか。

彼らに、セオドア・ルーズベルト元大統領の言葉を思い出させたい。

「愛国心とは、国を支持するということ。大統領の側に立つということではない」

ケネディ元大統領の著書に『勇気ある人々』がありますが、我が共和党の多くの議員たちは軟弱で、勇気ある人々ではなかった。断言します。（トランプ氏を支持した）共和党の議員たちは、旗を振って議会に乱入した、独りよがりの反乱者たちの共犯者です。

ですが、彼らは失敗しました。アメリカの民主主義は依然として強く堅かったのです。

乱入のすぐあとに議会は再開し、バイデン氏の勝利を承認するという職務を果たしました。なんと素晴らしい民主主義の証でしょうか。

私はカトリック教徒として育ちました。教会やカトリック学校に通い、聖書や教理を学びました。今回の出来事で私が思い出したのは、「しもべの心」という言葉です。自分よりも偉大なものに仕える、という意味です。学ぶべきは、公の奉仕者の心です。政治家に必要なのは、権力よりも政党よりも偉大なもの、より高い理念に奉仕することです。その理念はこの国が築き、他の国からも尊敬されてきました。

この数日、世界中の友人が私に電話、電話、また電話をしてきました。この国を心配しているのです。ある女性は、アメリカの理想主義がどうあるべきかを憂いて泣いていました。その涙は、世界にとってアメリカとは何かを思い出させてくれます。連絡してきた全ての友人たちに、私は「アメリカはこの暗黒の日々から再起し、輝きを取り戻すはずだ」と話しました。

（机上の剣を手に持ち）これは「コナン・ザ・グレート」（1982年公開のシュワルツェネッガー主演映画）で使った剣です。剣に焼き入れをするほど、剣は強くなりますハンマーで叩かれ、炎で焼かれて冷水で冷やされ、工程を繰り返すことで剣はどんどん強くなります。この話をするのは剣づくりのエキスパートになってほしいからではありません。アメリカの民主主義も剣の鋼と同じなのです。鍛錬することで、より強くなります。

私たちの民主主義は、戦争、不正、暴動にさらされました。今回の襲撃事件で、失われかねないことが何かを知ったため、私たちの民主主義は強くなります。このようなことが二度と繰り返されないよう、もちろん改善が必要です。度を超えた事態を引き起こした人たちの説明責任を追及しなければなりません。私たち自身、私たちの党の過去と不調和を見つめ直さなければいけません。そして民主主義を第一に考えなければいけません。

今回の悲劇で負った傷を共に癒し合いましょう。共和党として、民主党として、ではなく、アメリカ人としてです。このプロセスを始めるにあたって、政治的な立場は関係ありません。バイデン次期大統領に、こう言いませんか。

「バイデン大統領。私たちはあなたの素晴らしい成功を望みます。あなたの成功は、私たちの国の成功です。私たちを再びひとつにする努力を、心から支持します」

そして、憲法を覆せると思った人々は知るべきだ。あなたは決して勝てないということを。

バイデン次期大統領、私たちはあなたを今日も、明日も、この先ずっと支えます。私たちの民主主義を脅かす人たちから、それを守るために。全ての人に、アメリカに神の御加護がありますように。

第3章

幕引き

今日、私は
自分をこの世で
最も幸せな男だと
思っています。

元ニューヨーク・ヤンキース選手

ルー・ゲーリッグ

筋萎縮性側索硬化症の診断を受けての引退式典スピーチ

1939年7月4日

ルー・ゲーリッグ ▶ 1903年米ニューヨーク生まれ。1923年、ニューヨーク・ヤンキースに入団。通算17年間でホームラン王3度、打点王5度、生涯打率3割4分を記録。6度のワールドシリーズ制覇に貢献した偉大なプレイヤー。ピークは過ぎていたものの、まだ十分に現役で通用していた1939年6月、36歳のとき、難病の筋萎縮性側索硬化症（ALS。通称ルー・ゲーリッグ病）と診断され、引退を決意。連続試合出場記録は2130で途切れる。翌月ヤンキー・スタジアムで行われた引退式典には約6万2千人の観客が集まり、スーパースターとの別れに涙した。2年後の1941年死去。享年37

ファンの皆様、ここ2週間に私が経験した不運についてのニュースをご存知でしょう。しかし、今日、私は、自分をこの世で最も幸せな男だと思っています。私は選手として球場へ17年間通い続けてきましたが、いつもファンの皆様からご親切と激励をいただきました

こちらにいらっしゃる偉大な方々をご覧ください。たとえ1日でもこのような方々とともに同じ場所にいられることは最高の栄誉ではないでしょうか？

私は間違いなく幸せ者です。ジェイコブ・ルパートと知り合え

ゲーリックの引退セレモニーは1939年7月4日、
ワシントン・セネタースとのダブルヘッダー第1試合の終了後に
執り行われた

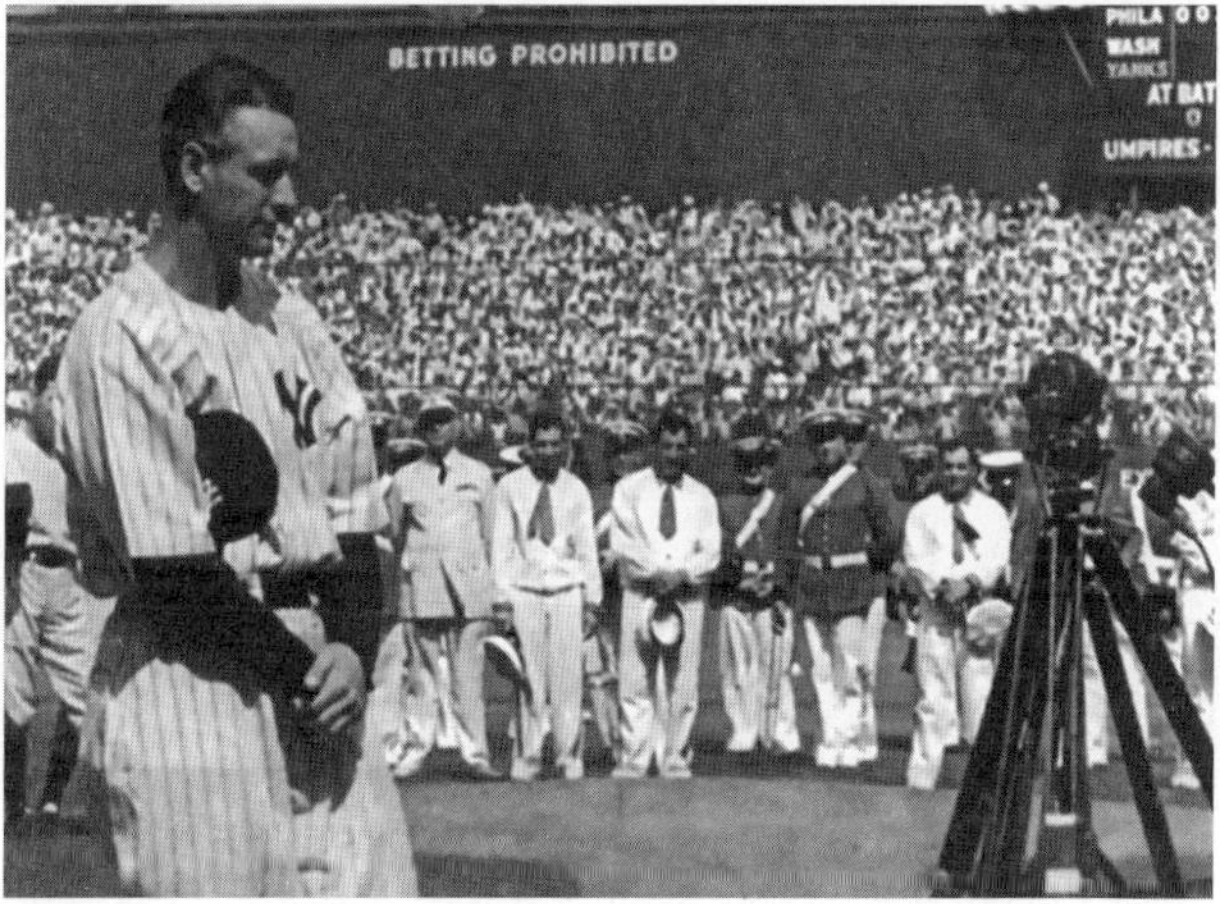

スピーチを終えると球場で約2分間スタンディングオベーションが続き、
ゲーリッグはマイクから離れて大きくよろけ、
頬から流れる涙をふき取った

て名誉だと思わずにいられない人がいるでしょうか？　最上の野球帝国を築き上げたエド・バローと知り合えたことを名誉だと思えない人は？

6年間過ごしてきた素晴らしい小さな仲間でもあるミラー・ハギンスと知り合えたことは？　その後の9年間を、卓越した指導者であり、人の心理を読むことに長けた、知る限りもっとも素晴らしい監督のジョー・マッカーシーと知り合えたことを名誉と思わない人は？　そんな人はいないでしょう。私は間違いなく

幸せ者なのです

ニューヨーク・ジャイアンツ（現サンフランシスコ・ジャイアンツ）という、常に闘争心を駆り立ててくれたチームの選手から贈り物をいただき、グラウンド整備の担当者やホットドッグ売りの少年たちからも記念のトロフィーを貰えるなどということも素晴らしいという以外にありません。妻との口喧嘩の際に自分の娘よりも私に味方してくれた素敵な義母、さらに両親が懸命に働いてくれたおかげで私が教育を受けられ、そして立派に育つことができました。私は神の祝福を受けたのです。比類のない強さを持ち、考えていた以上に勇気のある女性を妻にできたことほどうれしいことはありません。

つまりは、私を不運だとおっしゃる方もいるかもしれませんが、数え切れないほど多くの人々からの愛情を受けている私の人生は本当に幸せなものなのです。

ありがとう……。

社員は
悪くありませんから!

山一證券元代表取締役社長

野澤正平

自主廃業発表会見

1997年11月24日

野澤正平 ▶ のざわしょうへい。1938年長野県生まれ。1964年、山一證券入社。1997年8月、代表取締役社長に。就任当時、同社が抱えていた総会屋利益供与問題、簿外債務については全く知らなかった。廃業会見での言葉は、経営トップが率先して社員を庇った誠実な謝罪として大きな反響を呼ぶ。その発言どおり、廃業後は自ら元社員の履歴書を持って求職活動に尽力する傍ら、企業向けセミナー講師として全国で講演活動を行う。

当社、誠に残念ながら、このたび自主廃業に向けて営業を廃止することを決定いたしました。多数の関係者の皆さまに対し、なんてお詫び申し上げてよいかわかりません。

（このあと、6年前頃から、株価下落の損失を隠すための〝飛ばし〟と呼ばれる違法行為が行われていたと指摘し、帳簿に記載されていない債務が2千648億円に上ることを説明。終始、事前に用意された原稿を淡々と読み上げるだけだったが、2時間に及ぶ会見の最後に、記者から「社員の皆さまにはどのようにご説明されるのですか。お帰りになって社内テレビか何かでお話しされるのですか」と質問された途端、声を震わせ）

これだけは言いたいのは……私ら（経営陣）が悪いんであって、社員は悪くありませんから！

どうか社員の皆さんに応援してやってください。お願いします。私らが悪いんです。社員は悪くございません。善良で能力のある、本当に私と一緒になってやろうと誓った社員の皆さんに申し訳なく思っています。ですから…1人でも2人でも、皆さんが力を貸していただいて再就職できるよう、この場を借りまして私からもお願いいたします。

号泣しながら深々と頭を下げる
野澤社長。1997年11月24日、
東京証券取引所にて

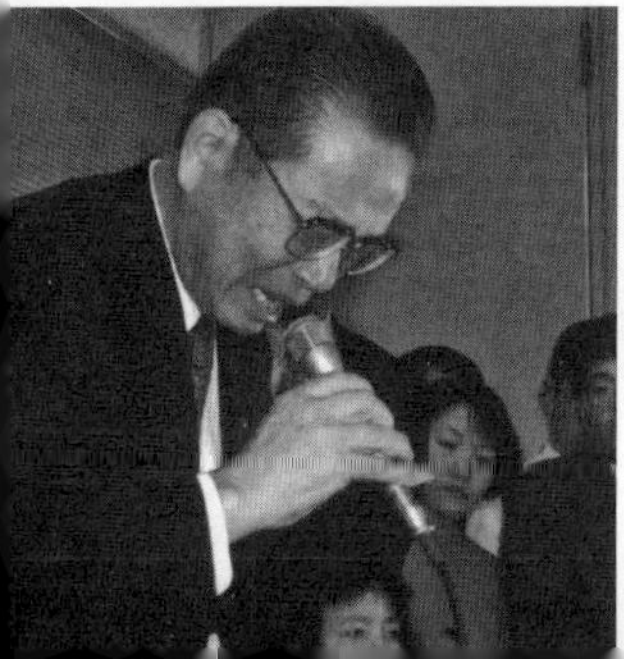

この道を行けば どうなるものか。

元プロレスラー

アントニオ猪木

引退セレモニー挨拶

1998年4月4日

アントニオ猪木 ▶ 本名、猪木寛至（いのきかんじ）。1943年神奈川県生まれ。1960年、日本プロレス入団。ジャイアント馬場とのタッグで人気を博す。1972年、新日本プロレス設立。異種格闘技戦で五輪柔道金メダリストのウィレム・ルスカや、ボクシング世界ヘビー級王者のモアメド・アリとの対戦も話題に。東京ドームで行われたドン・フライとの引退試合には7万人の観客が押し寄せ、試合後、リング上で伝説のマイクパフォーマンスを披露した。引退後は政治家として活躍。

私は今、感動と感激、そして素晴らしい空間の中に立っています。心の奥底から湧き上がる皆さまに対する感謝と熱い思いを止めることができません。

カウントダウンが始まってからかなりの時間がたちました。いよいよ今日がこのガウン姿が最後となります。思えば右も左もわからない、一人の青年が力道山の手によってブラジルから連れ戻されました。それから38年もの月日が流れてしまいました。最初にこのリングに立った時は興奮と緊張で胸が張り裂けんばかりでしたが、今日はこのような大勢の皆さまの前で最後の御挨拶ができるということは、本当に熱い思いで言葉になりません。

私は色紙にいつの日か「闘魂」という文字を書くようになりました。それを称してある人が燃える闘魂と名付けてくれました。闘魂とは己に打ち克つ、そして戦いを通じて己の魂を磨いていくことだと思います。

最後に私から皆さまにメッセージをおくりたいと思います。

人は歩みを止めたときに、そして挑戦をあきらめたときに年老いていくのだと思います。

「この道を行けばどうなるものか。あやぶむなかれ。あやぶめば道は無し。踏み出せばそのひと足が道となり、そのひと足が道となる。迷わず行けよ、行けばわかるさ」

ありがとう！

子供時代に抱いた夢を実現するには?

大学教授

ランディ・パウシュ

母校カーネギーメロン大学での「最後の授業」

2007年9月18日

ランディ・パウシュ ▶ 1960年米メリーランド州生まれ。カーネギーメロン大学卒業後、同大学、ヴァージニア大学で教鞭を執る。専門はコンピュータ科学。余命半年の体で行った授業は世界で絶賛され、その10ヶ月後の2008年7月25日、膵がんからの合併症で、ヴァージニア州にある自宅で家族に見守られながら亡くなった。享年47。

まずは、私の背景についてご存じない方のために説明します。

父は私にいつもこう言っていました。

「人が話したがらないことでも、問題があれば正直に言いなさい」

私のCATスキャンを見ていただくとわかりますが、私の肝臓には約10個の腫瘍があり、医者から余命が3〜6ヶ月程度だと宣告されました。それが約1ヶ月前のことです。計算していただくとわかりますよね。世界でも最高レベルの医師の診断です。

これが私の状態です。変えることはできません。できるのは、この状況にどう対応するかを決めることだけです。

配られたカードを替えることはできません。その手札でどうゲームを進めるかです。

私がそれほど落ちこんだり、憂鬱そうに見えないのだとしたら、皆さんのご期待にそえなくて申し訳ありません。私は決して、自分の置かれた状況を否定しているわけではありません。何が起こっているかちゃんとわかっています。私には3人の子供と妻がおり、ヴァージニア州ノーフォークに素敵な家を買って引っ越したばかりです。そこに住むのが、将来的に家族にとって良い場所だと考えたからです。

また、私は現在驚くほど体調が良いのです。心理学でいう「認知的不協和」という言葉を使えば、今の私は人生で最も良い体調を維持しています。正直に申し上げて、私は会場にいるほとんどの方よりも元気だと思います。

（いったん話をやめ、その場で腕立て伏せをして見せる）

ですので、私を哀れんだり、私のために涙を流したい人は、こちらへ来て同じことをやってください。そしたら気が済むまで私を哀れんでくれていいですよ。

今日は、私の子供の頃の夢と、それをどうやって実現したかについてお話しします。自分の夢は叶うと信じてここまでやってこれたという点、そして他の人の夢を叶えるお手伝いをしてこられたという点で、私は非常に幸運だったと思います。そしてそこから学んだ、いくつかの教訓について。私は大学教授です。何がしかの教訓をお伝えできると思います。

子供の頃、私にはいくつか夢がありました。一つは「無重力の世界へ行くこと」です。当時から視力が悪かったので、宇宙飛行士になろうとは思っていませんでした。

あるとき、NASAが行っている大学生向けの企画コンテストで優勝すると、トレーニング飛行を体験させてもらえるということを知りました。そこで、学生にチームを作らせて応募させたところ、見事勝ち取ることができました。

私も学生たちと一緒に飛べると思っていたので、とてもワクワクしていました。しかし、そこで壁にぶち当たりました。なぜならNASAが「いかなる状況下においても、教授陣が学生と一緒に飛行に参加することは認められない」とはっきり通達してきたからです。ものすごくがっかりしました。

しかし、もう一度規約を読み返し、学生たちが地元メディアからジャーナリストを連れていってもいいとされていることを知りました。さっそく、NASAに「指導教官としての辞表を提出し、ジャーナリストとしての応募書類を提出することにしま

2007年9月18日、母校カーネギーメロン大学で「最後の授業」に臨んだランディ・パウシュ

す」と電話し、強引に交渉を成立させました。

もう一つの夢は「NFL（ナショナル・フットボール・リーグ）でプレイすること」でした。実現はしなかったのですが、その過程で多くのことを学びました。

9歳でチームに入ったとき、私はリーグの中でいちばん小さい子供でした。コーチのジム・グラハムは193センチあり、ペンシルバニア州のラインバッカー経験者でした。彼は、私をひどくしごきました。「そうじゃない、そうじゃない、もう1回やり直せ。何回言わせるんだ。あとで腕立て伏せやっとけ」。それらが全て終わると、アシスタントコーチが私のところに来て言いました。「グラハムコーチにだいぶしごかれてたみたいだね。いいことだ。君がへまをしでかして、誰も君にそれ以上やれと言わなかったら、それは君に見切りをつけたってことだ」

この教訓は、それ以降ずっと私の人生につきまといました。何かをやったときに上手くできなくて、誰もそれについて何も言ってくれなかったら、その場所は離れたほうがいい。あなたを適切に批判してくれる人、あなたの家族は、あなたを愛しているからこそ、ちゃんと批判してくれるのです。

「ディズニーの企画担当者になること」という夢は、非常に難関でした。

カーネギーメロン大学で博士号を取得した私は「この学歴ならどこでも何でもできるだろう」と思い、ウォルト・ディズニーのイマジニアリング社へ志望書を送りました。そしてディズニーから、私が今まで受け取った中で最高に丁寧な「不採用通知」をもらったのです。

「ご送付いただいた志望理由書と履歴書とを詳細に検討しましたが、あなたのご希望と能力を必要とするポストは現在弊社では募集しておりません」

ちょっとした挫折でした。でも、思い出してください。壁にぶつかったら、その壁には必ず理由があるということを。壁は、夢をあきらめさせるためにあるのではありません。私たちがどれほどその夢を達成したいか、その本気を示す機会を与えるためにあるのです。なぜなら壁は、その夢にそこまで本気でない人たちをあきらめさせるためにあるからです。


時は流れ1991年、私はヴァージニア大学で「1日5ドルでバーチャル・リアリティ」というシステムの研究をしていました。目を見張るような、信じられないほど素晴らしいプロジェクトです。当時若手の研究者だった私は圧倒され、内心不安でいっぱいでした。

当時、バーチャル・リアリティの研究をするには50万ドルほどを必要としていました。みな、資金難に苦しんでいました。私たちは共同でシステムを切り詰め、5千ドルの部品でバーチャル・リアリティ・システムを作り上げたのです。人々は驚いて言いました。「ヒューレット・パッカードのガレージ部品でこんなことができるなんて、すごい！」と。学会会場は大いに熱狂しました。


バーチャル・リアリティに関する仕事をするようになって数年後のことです。これはトップシークレット、ディズニーの最高機密でした。彼らはバーチャル・リアリティを使った新アトラクションの存在を、テレビコマーシャルを流し始めたあとも否定し続けました。絶対に秘密が漏れないようにきつく口止めしていたのです。

新アトラクションは、魔法のじゅうたんに乗って「アラジン」の世界を飛ぶというものでした。「ゲータービジョン」と呼ばれるワニのようなヘッドギアを着けるということで、私の研究と関連がありました。そこで私は、CMが流れ始めるとすぐ、イマジニアリング社に電話をして言いました。

「私は国防総省へバーチャル・リアリティの研究報告をしているのですが、あなたのところのバーチャル・リアリティ・システムの資料をいただけませんか。世界でも最先端の技術だと思いますので」

彼らが断ろうとしたので、「では、パークで謳われているアメリカへの愛。あれは嘘なんですか?」とさらに詰め寄りました。ディズニー社は言いました。

「わかりました。でも、PR部門のほうはできたばかりでまだ何も資料がないんです。なので、あなたをこのバーチャル・リアリティ・システムを作った責任者に直接ご紹介することになります」

大当たりです!

こうして、私は担当者のジョン・スノディ氏とランチをする機会を得ました。彼は、私が今まで出会った中で最も感銘を受けた人の一人です。ランチは2時間くらいだったでしょうか。ジョンはきっと、まれに見る非凡な人間と話をしたと思ったことでしょう。だって私がやったことといったら、フレッド・ブルックスやイヴァン・サザーランドやアンディ・ヴァン・ダムやヘンリー・フックスといった、素晴らしい人たちからの質問を伝言していただけなのですから。

ランチの終わりに、私はジョンに言いました。ビジネスで言うところの「お願い」です。

「来年、長期休暇がとれるんですが…」「何それ？」

彼に、翌年長い休暇をとって、一緒に働ける可能性があることを説明しました。すると、彼はこう言ったのです。

「じっくり時間をかけて待ちなさい。そうすれば人はきっと、あなたを驚かせ感銘を与えてくれる。誰かにイライラして当たってしまったら、それはあなたが相手に充分な時間を与えていなかったということだ。あとほんの少しだけ、時間をあげなさい。ほとんどの場合、相手はきっと君を感動させてくれる」

この言葉は私に強く突き刺さりました。全くそのとおりだと思います。

というわけで、私たちは法的な契約交渉をしました。ある人に言わせれば、こんな契約書をイマジニアリング社が発行したのは最初で最後だそうです。

ともかく取引は無事成功しました。私は自分で資金を調達してイマジニアリング社へ赴き、6ヶ月間プロジェクトに携わり、共同で論文を発表することになりました。そこへ敵が現れました。ヴァージニア大学の当時の学部長でした。彼のことはとりあえず「ウジ虫学長」と呼ぶことにしておきましょう。

ウジ虫学長は契約書を見て、ディズニー社が私の知的財産を所有する可能性があることを危惧し、契約を破棄しろと言ってきました。そこで、私が「この件は果たしてあなたの担当で良かったのでしょうか」と聞いたところ、彼は「わからん」と。続けて、「もし知的財産権が問題なら、スポンサー付き研究の担当学部長に持っていったほうがいいですよね」と聞くと、ウジ虫学長は「確かにそのとおりだな」と言うのです。そこで、（スポンサー付き研究の担当学部長の）ジーン・ブロック氏に説明すると、彼はこう答えました。

「君が僕に、このプロジェクトの良否について訊いているなら、僕にはそれを判断できるだけの材料がない。ただ僕が知っているのは、僕が憧れている教授の一人が、君の研究の話をとても喜んでいたということだ。だから、もう少し詳しく教えてくれないか」

これは事務職や管理職にいる方、全てに言える教訓です。二人の学部長はどちらも、同じことを言っています。でも彼らが、どのようにそれを言ったのかを考えてみてください。「わからん！」と「判断材料はあまりないが、私の尊敬する教授が期待している。だからもう少し詳しく知りたい」です。彼らはどちらも「知らない」と言っています。でも、良い言い方と悪い言い方があるのです。

ともかく、無事長期休暇がとれ、私はイマジニアリング社に行きアラジンのプロジェクトに携わりました。信じられないほど素晴らしい、見事な大傑作でした。

長期休暇の6ヶ月が終わる頃、イマジニアリング社の人が私のところへ来て言いました。

「あなた、これ本気でやりたい？　もしここで働きたいなら、社員になれるよ」

私は「ノー」と言いました。人生でただ一度だけ、私が父を驚愕させた出来事でした。彼は「おまえがこんなちっちゃい頃から、ずっとやりたがってたことじゃないか。それをやっと手に入れたのに、なんで断るんだ？」って。

もし彼らが私に「社員になるか、永久に出入禁止か選べ」と言っていたら、私はおそらくイエスと答えていたでしょう。喜んで大学の終身雇用資格を手放し、社員になっていたでしょう。

でも、彼らは私に親切にしてくれました。「やりたいようにしていいよ」と言ってくれたのです。そこで私は、週に一度だけコンサルタントとしてイマジニアリング社で働くことにし、10年ほど勤めました。

これが、あなたたちが教授になるべき理由です。望みのものを手に入れ、さらにそれを好きにできるのですから。

夢を叶えた私は、次に「どうやったら他の人の夢を叶える手助けができるだろう?」と考えるようになりました。そこで、大学で「バーチャル・ワールドを作る」という授業をスタートさせました。チームで企画した作品を作り、誰かに見せるのです。

このコースは徐々に人気になり、やがて毎年の発表会は学内の名物になりました。しかし、成功するまでは決して簡単な道のりではありませんでした。この背中に矢が刺さったベストはETC（エンターテイメント・テクノロジー・センター）を退職したときに贈られたものです。これは私の勲章です。

何か全く新しいことを始めようとするときには、必ず矢を撃たれます。それに耐えなくてはいけません。それが成功への道です。

私はもうすぐ死んでしまいます。でも、まだまだ人生を楽しんでいます。残された日々も楽しみ続けます。（くまのプーさんの）ティガーになるか、イーヨーになるかは、あなた次第です。私がどちら側かは言うまでもありませんね。子供のような探究心を忘れないことは、本当に本当に大事なことだからです。その探究心が私たちを突き動かすのです。

最後に、夢を叶える7つの教訓をお伝えしましょう。

❶フィードバックを素直に聞き入れること。
誰だって人からの忠告を認めるのは難しい。素直に聞き入れられない人はたくさんいます。でも、フィードバックをもらったら、ありがたく受け止め、それを活かすべきです。
❷感謝を示すこと。
私が終身教授に昇進したとき、研究チーム全員をディズニー・ワールドへ1週間の旅行へ連れていきました。だって彼らがものすごく頑張って働いてくれたおかげで、私は世界で最高の仕事を手に入れることができたんですから。お礼をせずにどうして平気でいられるでしょう。
❸文句を言わないこと。
文句を言う代わりに、もっと頑張る努力をすること。
❹何か一つでも得意なものを作ること。
得意なこと。それはあなたの価値を高めてくれます。
❺一生懸命働くこと。
私が他の人よりも1年早く終身教授に昇進したとき、他の准教授たちは「秘訣は

何?」と聞いてきました。私はこう答えました。「金曜の夜10時にオフィスに電話してくれたら教えるよ」。

❻人の長所を見つけること。

世の中に完全な悪人なんていません。誰にでも良い面があるから、それを見せてくれるのにどんなに時間がかかっても信じて待つことが大切です。

❼準備を怠らないこと。

「幸運」とは、あなたがそれまでに積み重ねてきたものにチャンスが訪れたときのことだからです。

以上が私の講義ですが、この話は「どうやって子供の頃の夢を叶えるか」ではありません。「どう生きるか」なのです。正しい生き方をしていれば、人生はおのずと良い方向へ導かれます。夢は自然と叶っていくのです。

もう一つ、「隠された学び」があります。気づきましたか? この話は皆さんに向けたものではありません。この話は、本当は私の子供たちに宛てたものなのです。

ありがとうございました。

（講義の内容を要約したものです）

違いが何であれ 我々はみな アメリカ人。

政治家

ジョン・マケイン

大統領選挙敗北スピーチ

2008年11月5日

ジョン・マケイン ▶ 1936年パナマ（当時アメリカ領）生まれ。1967年、従軍したベトナム戦争で北ベトナムの捕虜となり5年半を送る。1982年、アリゾナ州選出の連邦下院議員選挙に共和党から立候補し当選、政界入り。2000年の大統領選挙でジョージ・ブッシュと共和党の指名を争い敗北。2008年の大統領選では共和党の指名候補となったが、民主党候補のバラク・オバマに敗れる。この際の潔い敗北宣言が、2020年に大統領選で敗北したドナルド・トランプの態度と比較され話題となった。2018年死去。

友よ、我々は長い旅の終わりを迎えました。アメリカの人々は、はっきりと語ってくれました。少し前、私はバラク・オバマ上院議員に電話をしました。私たちが愛するこの国の次期大統領に選ばれたことを祝福するためです。

今回の選挙戦のように長く困難な戦いの中で、彼の成功だけでも、彼の能力と忍耐力に敬意を表します。しかし、より深く賞賛すべきことは、かつてはアメリカの大統領選挙にはほとんど影響力がないと誤解していた数百万人のアメリカ人の希望を鼓舞することで、彼がこれを成し遂げたことです。

これは歴史的な選挙であり、私はこの選挙がアフリカ系アメリカ人にとって特別な意味を持ち、今夜、彼らのものでなければならない特別な誇りを認識しています。

私はつねに、アメリカは勤勉で強い意志を持っている全ての人に機会を提供していると信じてきました。オバマ上院議員もそれを信じています。かつてこの国の名誉を汚した不平等の歴史や、一部のアメリカ人に与えるべき市民権の恩恵を認めなかった歴史から、私たちは大きな発展を遂げましたが、その記憶は未だに多くの人の心を傷つけています。

1世紀前、セオドア・ルーズベルト大統領がブッカー・T・ワシントン（アフリカ系アメリカ人の著名な教育者）をホワイトハウスに招待して食事をしたことは、多くの方面から怒りの声がありました。

今日のアメリカは、当時の残酷で高慢な偏見とはかけ離れた世界になっています。アフリカ系アメリカ人がアメリカの大統領に選出されたことほど、その証拠となるものはありません。地球上で最も偉大な国であるこの国の市民権を大切にすることに失敗するアメリカ人が出ないようにしましょう。

オバマ上院議員は、彼自身と彼の国のために偉大なことを達成しました。私はそれのために彼に拍手を送り、彼の最愛の祖母がこの日を見るために生きていなかったことに心からの同情を提供します。私たちは、彼女が創造主の前で休息していることと彼女が育てるのを助けたオバマ上院議員を非常に誇りに思っていると信じています。

オバマ上院議員と私は意見の相違点を抱え、議論してきましたが、彼が勝ちました。それらの違いの多くが残っているのは間違いありません。これらは私たちの国にとって困難な時代であり、私は今夜、私たちが直面する多くの課題を通して彼が私たちを導くのを助けるために、私の力の全てを注ぐことを彼に誓います。

私を支持してくれた全てのアメリカ人には、彼を祝福するだけではなく、次の大統領にも私たちの善意と真摯な努力を提供し、必要な妥協点を見つけ、相違点を埋め合わせ、繁栄を取り戻し、危険な世界で安全を守り、子や孫たちに、私たちが受け継いだものよりも強く、より良い国を残すための方法を見つけるために、私たちの善意と真摯な努力を惜しまないようにお願いしたいと思います。

我々の違いが何であれ、我々はみな、同胞のアメリカ人です。私にとってこれ以上の意味を持つ仲間はいません。

今夜は失望を感じるのは当然のことですが、明日はそれを乗り越えて、国を再び動かすために協力しなければなりません。

私たちは戦いました。私たちは全力で戦いました。たとえ失敗したとしても、その失敗は私の責任であり、あなたの責任ではありません。

皆さまのお力添えに深く感謝しております。結果が違っていれば良かったのですが……この道は最初から困難なものでした。しかし、あなた方の支援と友情は決して揺らぐことはありませんでした。どれほど深く恩義を感じているか、言葉では言い表せません。

妻のシンディ、子供たち、親愛なる母、そして家族全員、そしてこの長い選挙戦の浮き沈みを乗り越えて私の側に立ってくれた多くの旧友、親愛なる友人たちに感謝しています。私はいつも幸運な人間でしたが、皆さんからの愛と励ましには、これ以上のものはありません。

選挙運動は候補者よりも候補者の家族のほうが大変なことが多いですが、今回の選挙運動もそうでした。私がお返しできるのは、愛と感謝の気持ちとこれからの平穏な日々を約束することだけです。

サラ・ペイリン（アラスカ）州知事にももちろん感謝しています。彼女は、私がこれまで見た中で最高の選挙運動家の一人であり、改革と我々の最大の強みである原則を求める我々の党の新しい声を印象的に伝えてくれました。彼女の夫トッドと5人の美しい子供たち、私たちの大義へのたゆまぬ献身、そして大統領選挙戦の荒れ狂う中で見せてくれた勇気と優しさに感謝しています。彼女の今後のアラスカ、共和党、そして祖国への貢献に、私たちは大きな関心を持って期待しています。

リック・デイビス、スティーブ・シュミット、マーク・サルターをはじめとする選挙

敗北を認める宣言を行ったジョン・マケイン。
2008年11月5日、アリゾナ州フェニックスにて

運動の仲間、そして、現代で最も困難な選挙戦と思われた時期に、何ヶ月にもわたって懸命に、そして勇敢に戦ってくれたボランティアの皆さん、本当にありがとうございました。敗れた選挙は、私にとって、あなた方の信仰と友情の特権以上の意味を持つことはありません。

今回の選挙戦は私の人生の中で名誉あるものでした。そして、私の心は、この経験と、オバマ上院議員と旧友のジョー・バイデン上院議員（現アメリカ大統領）が、次の4年間を導く栄誉を持つべきだと決定する前に、私の言うことにも公平に耳を傾けてくれたアメリカ国民に感謝の気持ちでいっぱいです。

半世紀の間、この国に奉仕するという特別な特権を与えてくれた運命を後悔するようでは、私はその名にふさわしいアメリカ人とは言えないでしょう。私は、私が愛する国の最高位の役職の候補者でした。そして今夜、私はアメリカの下僕であり続ける。それは誰にとっても十分な祝福です。アリゾナの人々に感謝します。

今夜、どんな夜よりも、私は心の中にこの国への愛以外の何物でもなく、この国とその市民のために、彼らが私を支持していたとしても、オバマ上院議員を支持していたとしても、私は、私のかつての対戦相手であり、私の大統領になるであろう男に神の御加護を祈ります。そして私は、この選挙戦で何度も言っているように、現在の困難に絶望するのではなく、アメリカの将来性と偉大さをつねに信じるように、全てのアメリカ人に呼びかけます。

アメリカ人は決してあきらめません。我々は決して降伏しない。我々は決して歴史から隠れることはありません。我々は歴史を作るのです。ありがとう、そして神の御加護がありますように、そしてアメリカに神の御加護がありますように。

病を打ち倒し、すぐに戻ってくるよ。

プロレスラー

ロマン・レインズ

白血病再発を受けての王座返上スピーチ

2018年10月22日

ロマン・レインズ ▶ 1985年米フロリダ州生まれ。本名ジョー・アノアイ。ジョージア工科大学にてアメリカンフットボールで活躍後、2007年、ドラフト外でNFLミネソタ・バイキングスに入団するも、白血病発覚で解雇。同年、世界一の米プロレス団体WWEにスカウトされ、同団体の看板番組「RAW」のスタープレイヤーとして活躍。2018年の戦線離脱宣言から4ヶ月後の2019年2月、その言葉どおり、病が寛解状態まで回復したとして復帰を発表した。

みんなに謝らなきゃいけないように感じる。

ここ数ヶ月、いや、1年かもしれないな。

俺はここにロマン・レインズとして登場し、

「俺は毎週ここに来ている」や「俺はファイティングチャンピオンだ」

「有言実行の男だ」だの「馬車馬のように働いてる」だの語ってきた。


しかし、それは全部嘘だ。

なぜなら、俺の本当の名前はジョーといって、
11年間付き合ってきた白血病が不幸にも再発してしまったからだ。

再発したことで、俺は自分の役割を果たせなくなる。

もうファイティングチャンピオンではいられないから、ユニバーサル王座を返上しなければいけない。

みんなが俺に送ってくれる全ての祈りをありがたく受け取るけれど、共感はいらないよ。

俺のためにみんなが気を病んでほしくはない。俺は信じているからだ。

22歳の頃、俺は白血病と診断された。だけどそのとき、俺はすぐに寛解した。

でもそれは間違いなく人生においていちばんつらい時期だったよ。
職もなく、金もなく、家もなかった中で子供が生まれ、フットボールをクビになった。
そこで俺にチャンスをくれたのがWWEだった。
そして、ついにメインロースターとなってロードに出て、ユニバースの前に立ったとき
みんなが俺の夢を叶えてくれたんだ。
みんなが俺に声援を送っていても、ブーイングしていても問題じゃない。
どちらにしてもみんなはいつも俺に何らかの反応を返してくれたし、

WWEのスーパースター、ロマン・レインズ。
誰もが「別れのスピーチ」だと思ったが、見事にカムバックを果たした

それは最も重要なことだし、本当にありがとうと言わなければならない。
だが、みんな知っているように、人生はいつもフェアで素晴らしいものとはいかない。
しばしば一筋縄でいかないこともあるんだ。
今、俺にとってベストなことは、家に帰って家族と健康に重点を置くことなんだ。

ただ、これだけははっきりさせておきたい。
これは引退のスピーチではないということだ。
なぜなら俺は白血病をぶちのめして〝ホーム〟に帰ってくる。
俺はたとえ人生が俺にカーブボールを投げてきたとしても、
バッターボックスに立ち、プレートぎりぎりに構えてホームランを狙いデカいスイングをする、
そういう男だということを
みんなに、家族に、友人たちに、子供たちに、そして妻に証明したいからだ。
俺はこの病をすぐに打ち倒し、本当にすぐに戻ってくるよ。
今一度ありがとう、みんな、愛してるよ。

後悔など
あろうはずが
ありません。

元メジャーリーガー

イチロー

現役引退記者会見

2019年3月21日

イチロー ▶ 本名、鈴木一朗（すずきいちろう）。1973年愛知県生まれ。愛知工業大学名電高等学校卒業後の1992年、オリックス・ブルーウェーブに入団。在籍した9年間で首位打者を7度獲得。2001年、野手としては日本人初のメジャーリーガーとして米シアトル・マリナーズに移籍。同年の首位打者、盗塁王、最優秀新人選手賞、シーズンMVPに輝く。以後10年連続でシーズン200安打、打率3割以上を維持し、2004年には84年間破られることのなかったジョージ・シスラーのメジャー歴代シーズン最多安打記録257安打を更新し、262本のヒットを放った。その後、ニューヨーク・ヤンキース、マイアミ・マーリンズに在籍、2018年に古巣マリナーズに復帰し、翌年3月、現役引退。ＭＬＢ通算19年間で3089安打、平均打率３割１分１厘を記録。現在、マリナーズの会長付特別補佐兼インストラクターを務める傍ら、2020年11月、引退会見で本人が語っていたように、甲子園での優勝経験がある高校でアマチュア指導者デビューすることが報じられた。

（会見場に集まった多くの報道陣を前にして）こんなにいるの？　びっくりするわ。そうですか。こんな遅い時間にお集まりいただいて、ありがとうございます。

今日のゲームを最後に、日本で9年、アメリカで19年目に突入したところだったんですけど、現役生活に終止符を打ち、引退することとなりました。最後にこの（シアトル・マリナーズの）ユニフォームを着て、この日を迎えられたことをたいへん幸せに感じています。この28年を振り返るには、あまりにも長い時間だったので、ここで一つ一つ振り返ることは難しいこともあって。これまで応援していただいた方々への感謝への思い、そして球団関係者、チームメイトに感謝申し上げて、皆さんからの質問があれば、できる限りお答えしたいと思っています。

――現役としての選手生活に終止符を打つタイミングと理由は。

タイミングはキャンプ終盤ですね。日本に戻ってくる何日前ですかね。何日前とははっきりとお伝えできないですけど、終盤に入ったときです。もともと日本でプレーする、東京ドームでプレーするところまでが契約上の予定だったということであったんですけど、キャンプ終盤でも結果を出せずに、それを覆すことができなかったということです。

――今、その決断に後悔や思い残したことは。

今日の球場の出来事（※1）、あんなもの見せられたら後悔などあろうはずがありません。もちろん、もっとできたことはあると思いますけど、結果を残すために自分なりに重ねてきたこと、他人より頑張ったということはとても言えないですけど、自分なりに頑張ってきたとははっきりと言えるので。これを重ねてきて、重ねることでしか後悔を生まないということはできないのではないかなと思います。

――子供たちにメッセージをお願いします。

シンプルだな。メッセージかー。苦手なのだな、僕が。野球だけでなくてもいいんですよね、始めるものは。自分が熱中できるもの、夢中になれるものを見つければそれに向かってエネルギーを注げるので、そういうものを早く見つけてほしいと思います。それが見つかれば、自分の前に立ちはだかる壁にも、壁に向かっていくことができると思うんです。それが見つけられないと、壁が出てくるとあきらめてしまうということがあると思うので。いろんなことにトライして。自分に向くか向かないかよりも、自分の好きなものを見つけてほしいなと思います。

――今、思い返して、印象に残っているシーンは。

今日を除いてですよね。このあと、時間が経ったら今日がいちばん真っ先に浮かぶのは間違いないと思います。それを除くとすれば、いろいろな記録に立ち向かってきたんですけど、そういうものは大したことではないというか。

自分にとって、それを目指してやってきたんですけど、いずれそれは僕ら後輩が、先輩たちの記録を抜いていくというのはしなくてはいけないことでもあると思うんですけど、そのことにそれほど大きな意味はないというか。そんな風に今日の瞬間を体験すると、すごく小さく見えてしまうんですよね。その点で、たとえば、わかりやすい10年200本打ったとか、MVPを獲ったとか、オールスターでどうたらというのは、本当に小さなことにすぎないと思います。

——ファンの存在はイチロー選手にとってどうだったか。

ゲーム中にあんなことが起こるとはとても想像していなかったですけど、それが実際に起きて、19年目のシーズンをアメリカで迎えていたんですけど、日本のファンの方の熱量というのはふだん感じることは難しいんですよね。久しぶりに東京ドームに来て、ゲームは基本的に静かに進んでいくんですけど、なんとなく印象として日本人は表現するのが苦手というか、そんな印象があったんですけど、それが完全に覆りましたね。

ですから、これは最も特別な瞬間になりますけど、あるときまでは自分のためにプレーすることがチームのためになるし、見てくれる人も喜んでくれるかなと思っていたんですけど、ニューヨークに行ったあとぐらいからですかね。人に喜んでもらえることがいちばんの喜びに変わってきた。その点で、ファンの方の存在なしには、自分のエネルギーは全く生まれないと思います。
え、おかしなこと言ってます、僕？　大丈夫ですか？

——イチロー選手が貫いたものとは。

野球のことを愛したことだと思います。これは変わることはなかったですね。おかしなこと言ってます、僕？　大丈夫？

——ケン・グリフィーJr.（※2）が肩の力を抜いたときに違う野球が見えて楽しくなるという話をされたんですけど、そういう瞬間はあったのか。

プロ野球生活の中では、ないですね。これはないです。ただ、子供の頃からプロ野球選手になることが夢で、それが叶って。最初の2年、18、19の頃は1軍に行ったり来たり。「行ったり来たり」っておかしい？　行ったり、行かなかったり？　行ったり来たりっていつも行ってるみたいだね。1軍に行ったり、2軍に行ったり。そういう状態でやっている野球はけっこう楽しかったんですよ。

1994年、3年目ですね。仰木監督（※3）と出会って、レギュラーで初めて使っていただいたわけですけども。この年までですね、楽しかったのは。あとはその頃から急激に番付を上げられちゃって、それはしんどかったです。やっぱり力以上の評価をされるというのはとても苦しいですよね。だから、そこからは純粋に楽しいなんていうのけ。

やりがいがあって達成感を味わうこと、満足感を味わうことはたくさんありました。じゃあ、楽しいかというとそれとは違うんですよね。

――最低50歳まで現役とおっしゃっていましたが、日本のプロ野球に戻るという選択肢はなかったのでしょうか。

なかったですね。（その理由を聞かれ）それはここでは言えないなあ。最低50歳までって本当に思っていたし、それは叶わずで、有言不実行な男になってしまったわけです。その表現をしてこなかったらここまでできなかったかもなという思いもあります。だから、言葉にすること、難しいかもしれないけど言葉にして表現するというのは、目標に近づく一つの方法ではないかなと思います。

――イチロー選手の生き様でファンの方に伝わっていたらうれしいということはありますか。

生き様というのは僕にはよくわからないですけど、生き方と考えれば、さきほどもお話ししましたけれども、人より頑張ることなんてとてもできないんですよね。あくまで測りは自分の中にある。それで自分なりにその測りを使いながら、自分の限界を見ながらちょっと超えていくということを繰り返していく。そうすると、いつの間にかこんな自分になっているんだという状態になって。

だから少しずつの積み重ねが、それでしか自分を超えていけないと思うんですよね。一気に高みに行こうとすると、今の自分の状態とギャップがありすぎて、それは続けられないと僕は考えているので。地道に進むしかない。進むというか、進むだけではないですね。後退もしながら、あるときは後退しかしない時期もあると思うので。でも、自分がやると決めたことを信じてやっていく。

でも、それが正解とは限らないわけですよね。間違ったことを続けてしまっていることもあるんですけど。でも、そうやって遠回りをすることでしか本当の自分に出会えないというか、そんな気がしているので。そうやって自分なりに重ねてきたことが、今日のゲーム後のファンの方の気持ちですよね。ひょっとしたらそんなところを見ていただいていたのかなと。それはうれしかったです。そうであればうれしいし、そうじゃなくてもうれしいです。あれは。

——シンプルに聞きますが、現役選手を終えたら監督や指導者になったりタレントになったりしますか。

あんまりシンプルじゃないですね。何になるんだろうね。そもそもカタカナのイチローってどうなるんですかね。「元カタカナのイチロー」みたいになるんですかね。あれ、どうなんだろ。「元イチロー」って変だよね。いやイチローだし、僕。書くときどうなるのかな。どうしようっか。何になる。うーん…。でも監督は絶対無理ですよ。絶対がつきますよ。人望がない。本当に。人望がないですよ、僕。それぐらいの判断能力は備えているので。

ただ、どうでしょうね。ま、プロの選手、プロの世界というよりも、アマチュアとプロの壁というのが日本は特殊な形で存在しているので。今日をもってどうなんですかね。そういうルールって。どうなんだろうか。今までややこしいじゃないですか。たとえば極端に言えば、自分に子供がいたとして、高校生であるとすると、教えられなかったりというルールですよね。そういうのって変な感じじゃないですか。今日をもって元イチローになるので、それは小さな子供になのか、中学生になのか、高校生になのか、大学生になるのかはわからないですけど、そこには興味がありますね。

――アメリカのファンへのメッセージは。

アメリカのファンの方々は、最初は厳しかったですよ。最初の2001年のキャンプなんかは「日本に帰れ」としょっちゅう言われましたよ。

だけど、結果を残したあとの敬意というのは、これは評価するのかどうかわからないけど、手のひらを返したという言い方もできるので、ただ、言葉ではなくて行動で示したときの敬意の示し方というのは、その迫力はあるなという印象ですね。

なかなか入れてもらえないんですけど、入れてもらったあと、認めてもらったあとはすごく近くなるという印象で、がっちり関係ができあがる。シアトルのファンとはそれができた。僕の勝手な印象ですけど。

ニューヨークというのは厳しいところですよね。でも、やればどのエリアよりも熱い思いがある。マイアミというのは、ラテンの文化が強い印象で、熱（あつ）はそれほどないんですけど、結果を残さなかったら人は絶対に来てくれない。そういう場所でしたね。それぞれの場所で関係を築けたような。特徴がそれぞれありましたけど。アメリカは広いなと。ファンの人たちの特徴を見るだけでアメリカは広いなという印象ですけど。でもやっぱり、最後にシアトルのユニフォームを着て、セーフコ・フィールド（シアトル・マリナーズのホーム球場。2018年12月よりT-モバイル・パークに改称）ではなくなってしまいましたけど、姿をお見せできなくて、それは申し訳ない思いがあります。

――24時間を野球に使ってきたとおっしゃっていますが、それを支えてきたのは弓子夫人だと思います。

いやあ、頑張ってくれましたね。いちばん頑張ってくれたと思います。僕はアメリカで結局3089本のヒットを打ったわけですけど、僕は、ゲーム前にホームのときはおにぎりを食べるんですね。妻が握ってくれたおにぎりを球場に持っていって食べるんですけど、それの数が２８００ぐらいだったんですよね。３０００いきたかったみたいですね。そこは３０００個握らせてあげたかったなと思います。とにかく頑張ってくれました。僕はゆっくりする気はないけど、妻にはゆっくりしてほしいと思います。
それと一弓《いっきゅう》ですね。一弓というのはご存じない方もいらっしゃると思いますけど、我が家の愛犬ですね。柴犬です。現在17歳と何ヶ月かな。７ヶ月かな。今年で18歳になろうかという柴犬なんですけど、さすがにおじいちゃんになってきて、毎日フラフラなんですけど、懸命に生きているんですよ。その姿を見ていたら、それは僕頑張らなきゃなと。これはジョークとかではなくて、本当にそう思いました。
懸命に生きる姿。２００１年に生まれて、２００２年にシアトルの我が家に来たんですけど、まさか最後まで一緒に、僕が現役を終えるときまで一緒に過ごせるとは思っていなかったので、たいへん感慨深いですよね。一弓の姿は。ほんと、妻と一弓には感謝の思いしかないですね。

――今までいちばん考え抜いて決断したことは。

これは順番をつけられないですね。それぞれが一番だと思います。ただ、アメリカでプレーするために、今とは違う形のポスティングシステムだったんですけど、自分の思いだけでは叶わないので、当然球団からの了承がないと行けないんですね。

そのときに、誰をこちら側、こちら側っていうと敵・味方みたいでおかしいんですけど。球団にいる誰かを口説かないといけない、説得しないといけない。そのときに一番に思い浮かんだのが、仰木監督ですね。その何年か前からアメリカでプレーしたいという思いは伝えていたこともあったんですけど、仰木監督だったらおいしいご飯でお酒を飲ませたら。飲ませたらっていうのはあえて飲ませたらと言ってますけど、これはうまくいくんじゃないかと思ったら、まんまとうまくいって。これがなかったら何も始まらなかったので。口説く相手に仰木監督を選んだのは大きかったなと思いますね。ダメだダメだとおっしゃっていたものが、お酒でこんなに変わるんだって。お酒の力をまざまざと見ましたし。やっぱり洒落た人だったなと思いますね。仰木監督から学んだものは計り知れないと思います。

――いちばん我慢したものは。

難しい質問だなあ。僕、我慢できない人なんですよ。楽なこと、楽なことを重ねているという感じなんですよね。自分ができることを、やりたいことを重ねているので我慢の感覚がないんですけど、とにかく体を動かしたくてしょうがないので、こんなに動かしちゃダメだっていうことで、体を動かすことを我慢するというのはたくさんありました。それ以外はストレスがないように行動してきたつもりなので。家では妻が料理をいろいろ考えて作ってくれますけど、ロードは何でもいいわけですよね。むちゃくちゃですよ。ロードの食生活なんて。結局我慢できないからそうなっちゃうんですけど、そんな感じなんです。今聞かれたような主旨の我慢は、思い当たらないですね。おかしなこと言ってます、僕?

――野球の魅力はどんなものでしょうか。イチロー選手がいない野球をどう楽しめばいいでしょうか。

団体競技なんですけど、個人競技というところですかね。これが野球の面白いところだと思います。チームが勝てばそれでいいかというと、全然そんなことはないですよね。個人として結果を残さないと、生きていくことはできないですよね。本来はチームとして勝っていればいいかというと、チームとしてのクオリティは高いのでそれでいいか、というと、決してそうではない。その厳しさが面白いところかなと。面白いというか、魅力であることは間違いないですね。あとは同じ瞬間がない。必ずどの瞬間も違うということ。これは飽きがこないですよね。

二つ目はどうやって楽しんだらいいかですか。2001年にアメリカに来てから2019年現在の野球は、全く違うものになりました。頭を使わなくてもできてしまう野球になりつつあるような。選手も現場にいる人たちもみんな感じていることだと思うんですけど、これがどう変化していくか。次の5年、10年、しばらくはこの流れは止まらないと思いますけど。

――子供の頃からの夢であるプロ野球選手になるという夢を叶えて、今、何を得たと思いますか。

成功かどうかってよくわからないですよね。じゃあどこから成功で、そうじゃないのかって、全く僕には判断できない。だから成功という言葉は嫌いなんですけど。

メジャーリーグに挑戦するということは、大変な勇気だと思うんですけど、でも成功、ここではあえて成功と表現しますけど、成功すると思うからやってみたい。それができないと思うから行かないという判断基準では、後悔を生むだろうなと思います。できると思うから挑戦するのではなくて、やりたいと思えば挑戦すればいい。そのときにどんな結果が出ようとも後悔はないと思うんですよね。じゃあ、自分なりの成功を勝ち取ったところで達成感があるのかというと、それは僕には疑問なので。基本的には、やりたいと思ったことをやっていきたいですよね。

――ユニフォームを脱ぐことで神戸に恩返しをしたいという気持ちは。

（オリックスの本拠地である）神戸は特別な街です、僕にとって。恩返しか。恩返しって何をすることなんですかね。僕は選手として続けることでしかそれはできないんじゃないかなと考えていたこともあって。神戸に恩返し、うーん……。税金を少しでも払えるように頑張ります。

――あるアスリートの方に伺ったのですが、イチロー選手が「野球選手じゃなくなった自分が想像できない。イヤだ」とおっしゃったと聞きました。野球選手ではない自分を想像していかがですか。

違う野球選手になってますよ。あれ、この話さっきしましたよね。おなか減ってきて集中力が切れてきちゃって。さっき何を話したか記憶が。さっき草野球の話をしましたよね。だから、そっちでいずれ、楽しくてやっていると思うんですけど、そうするときっと草野球を極めたいと思うんですよね。真剣に草野球を極める野球選手になっているんじゃないですか。結局。

――イチロー選手の小学校の卒業文集が有名で、「僕の夢は一流のプロ野球選手になることです」と冒頭に書いていますが、（子供時代の自分に）どんな言葉をかけたいですか。

おまえ、契約金で1億ももらえないよって。夢は大きくとは言いますけど、なかなか難しいですよ。ドラ1の1億って掲げてましたけど、全然遠く及ばなかったですから。ある意味では挫折ですよね。それは。こんな終わり方でいいのかな。なんか、最後はキュッとしたいよね。

イチロー節全開の85分間だった

――昨年、マリナーズに戻りましたけれども、その前のマリナーズ時代、「孤独を感じながらプレーをしている」と話していました。その孤独感はずっと感じながらプレーしていたんでしょうか。それとも、前の孤独感とは違ったものがあったのでしょうか。

現在はそれは全くないです。今日の段階で全くないです。それとは少し違うかもしれないですけど、アメリカに来て、メジャーリーグに来て、外国人になったこと、アメリカでは僕は外国人ですから。このことは、外国人になったことで人の心を慮ったり、人の痛みを想像したり、今までなかった自分が現れたんですよね。この体験というのは、本を読んだり、情報を得ることができたとしても、体験しないと自分の中からは生まれないので。

孤独を感じて苦しんだこと、多々ありました。ありましたけど、その体験は未来の自分にとって大きな支えになるんだろうと今は思います。だから、つらいこと、しんどいことから逃げたいというのは当然のことなんですけど、でもエネルギーのある元気のあるときにそれに立ち向かっていく。そのことはすごく人として重要なことではないかと感じています。

おなかすいた。締まったね、最後。いやあ、長い時間ありがとうございました。眠いでしょう、皆さんも。じゃあ、そろそろ帰りますか。

（会見の一部を省略しています）

※1　MLB開幕シリーズとなる東京ドームで行われたアスレチックス戦2試合に9番ライトで先発出場（4打数無安打。最終打席は遊ゴロ）後、引退を発表。試合終了から45分経過しても3万5千人の観客は帰らず、イチローはチームメイトの勧めもありフィールドに戻り、ファンの大声援に両手を挙げて応えた。

※2　マリナーズOBで歴代7位の630本塁打、同53位の2781安打をマークした名選手。イチローとは深い絆で結ばれており、引退試合を生で観戦。8回裏、大歓声を受けて右翼からベンチへ下がるイチローと、マリナーズのダグアウトで固い抱擁を交わした。

※3　仰木彬。オリックス（ブルーウェーブ&バファローズ）元監督。1994年、同球団の指揮官に就任すると、それまで2軍生活を続けていた鈴木一朗の類い稀な打撃センスを見抜き、即座に1軍に呼び2番打者に抜擢。登録名も本名から「イチロー」に変更させた。イチローは同年、シーズン210安打を放ち（当時の日本プロ野球記録）、打率3割8分5厘で首位打者を獲得。仰木は1996年にチームを日本一に導き、イチローがメジャーデビューした2001年シーズンまで監督を務めた。4年後の2005年、現場に復帰したが、高齢や健康状態を理由に1年で監督を退任。同年12月、肺がんによりこの世を去った。享年70。

愛する国に仕えることができた。

元イギリス首相

テリーザ・メイ

辞任表明演説

2019年6月7日

テリーザ・メイ ▶ 1956年英イーストボーン生まれ。オックスフォード大学卒業後、イングランド銀行勤務を経て、1997年政界入り。2016年7月、マーガレット・サッチャーに続く2人目の女性首相としてイギリス第76代首相に就任。2019年5月24日、（2016年の）国民投票によって決まったＥＵからの離脱が行き詰まっていることを受け、辞任を表明した。

後ろの扉を初めて首相として通って以来、私は連合王国を特権的な少数のための国ではなく、あらゆる人々のための国にしようと努力してきました。

私たちは2016年、英国民に選択の機会を提供しました。予想に反し国民はEU（ヨーロッパ連合）の離脱を選択しました。今日の私は3年前と同じく、民主主義において国民に選択の機会を与えたのなら、国民の決定を実行に移す義務があると確信しています。私はそのために最善を尽くしてきました。離脱の条件や近隣諸国との新しい関係を交渉しました。この国の雇用や安全保障、そして連合を守るよう協定離脱に下院議員の支持を得るため、説得を重ねてきました。残念ながら説得はできませんでした。

けれども、今やはっきりしました。ブレグジット（※1）の取り組みを新しい首相が主導することが、この国にとって最善なのだと。なので私は、保守党党首を6月7日の金曜日に辞任し後任に譲ります。党幹事長および党の1922年委員会委員長と、新党首の選考は辞任の翌週に始めるべきだと合意しました。自分の意向については全て、女王陛下に常時お伝えしています。新党首が決まるまでは、陛下の総理大臣として勤め続けます。

EU離脱を自分が実現できなかったことを、私は今もこれからもずっと非常に残念に思い続けるでしょう。国民投票の結果をどう尊重するか、方法を決めるのは後任になります。成功するには、後任者は議会の合意をまとめなくてはなりません。私ができなかったことです。

偉大な人道活動家のサー・ニコラス・ウィントンは、ナチス占領化のチェコスロバキアから何百人もの子供をイギリスに避難させました。サー・ニコラスは長年にわたり私の選挙区の有権者で、（２０１５年に）亡くなる数年前にやはり政治的に極めて混乱していたとき、彼は地元の行事で私に助言してくれました。「〝妥協〟は汚い言葉では決してない」と。「生きるとは妥協すること」だと。仰るとおりです。

この国に必要な妥協・譲歩の確保には、プレグジット実現のため、あるいは北アイルランドの自治復活には、どういう経緯で今に至ったか思い返す必要があります。国民投票は単にＥＵ離脱だけではなく、この国の大変革を求める声だったので、本当に全ての人にとって機能する国を求める声でした。

過去３年間に達成した進歩を誇りに思っています。キャメロン前首相とオズボーン前財務大臣が着手した緊縮財政の作業を完了させ、財政赤字はほとんどなくなりました。

公的債務、緊縮財政はもうすぐ終わります。私は最新産業戦略を通じて、将来的に有望な雇用がロンドンと英南東部だけでなく、全国で創出されるよう取り組んできました。安定した雇用を今までになく大勢に提供しました。住宅を増やし、初のマイホーム入手を支援しています。若者が親の世代と同じ機会を享受できるように、私たちは環境を保護していきます。プラスチックごみをなくし、気候変動や大気環境改善に取り組んでいきます。まともで穏健的で愛国的な保守党政権には、こうしたことが英政治の場で達成できるのです。

保守党はこれから自分たちを刷新できます。ブレグジットを実現し、自分たちの価値観をもとにした改革を国民に提供できます。安全保障と自由と機会です。政治家として私がつねに指針とした価値観です。

首相ならではの特権は、声なき人に発言の場を与えること。この社会を今も損ねる酷い不平等と闘うことです。だからこそ、私は国民医療制度の長期計画の中心に精神

2019年6月7日、記者団を前に
首相辞任を発表したテリーザ・メイ。
首相官邸前にて

医療の拡充を置きました。住所を問わず全てのＤＶ被害者への避難用住居提供を義務化しました。人種差別や性別の賃金格差について実態を調査しました。不平等をごまかせられないよう炙り出したのもそのためです。そして、だからこそグレンフェル火災（※２）について独立調査委員会を設置しました。真相を探り、再発を絶対に防ぎ、あの夜の犠牲者が決して忘れられないように。

この国は４つの国が家族として集まっているだけではなく、国民全員の連合です。出自も肌の色も誰を愛するかも関係なく、私たちは肩を並べ共に素晴らしい未来へ向かっています。私たちの政治はきしんでいるかもしれませんが、この国には良いところが本当にたくさんあります。誇るべきところも、前向きになれるところもたくさんあります。

まもなく去るこの仕事は、自分の一生にとって光栄そのものでした。２人目の女性で、もちろん最後（の女性首相）ではありません。辞職は決して無念ではなく、このような機会を与えられ、果てしなく多大に感謝しています。（涙声で）愛する国に仕えることができたのですから。

※1　「Britain（イギリス）+Exit（出口）」の造語でEU離脱を指す。2020年1月31日、イギリスは正式にEUを離脱した。
※2　2017年6月14日、ロンドン西部に建つ高層住宅棟「グレンフェル・タワー」で発生した火災。70人の死者を出した。

第4章

メッセージ

私こそが、皆さんの「目に見えるチャンス」です。

社会福祉活動家

ヘレン・ケラー

ライオンズクラブ国際大会にて

1925年6月30日

ヘレン・ケラー ▶ 1880年米アラバマ州生まれ。熱病のため1歳で聴覚と視覚を失い、言葉も不自由になったが、7歳から家庭教師アン・サリバン（1866年生）によって教育を受け、19歳でハーバード大学ラドクリフ・カレッジに合格。三重の障害をもって大学教育を修了した世界最初の人となった。全米および世界各地で講演を行い、福祉活動に貢献。日本にも三度来訪を果たした。1968年、87歳で逝去。

（最初にヘレン・ケラーの家庭教師アン・サリバンのスピーチ）

20年以上もの間、ヘレン・ケラーは私の顔に手を当ててきました。私が発する音を認識する為です。そして彼女は私の口の中、舌に手を触れて言葉を発するときの舌の位置を確認、そして手で触れて感じた舌の動きを自分のものにしようとしてきました。何度も何度も、言葉をきちんと発音できるまで、周囲の人々がヘレンの言葉を理解できるようになるまで、あきらめずに。私には、ヘレンを助けることよりも社会に多大な貢献ができる方法が思い付かないのですが、皆さんはどうですか？　もし皆さんが、どんなことをして社会に貢献しようかと考えているのであれば、この勇敢な女性に皆さんの夢を託してみてはいただけないでしょうか。

彼女が乗り越えてきた障害は、私たちの想像を絶します。やればできる、と人は言い、様々なことにチャレンジしますが、ヘレンよりも壮絶な挑戦をしてきた人はいるでしょうか。心の底から応援したいと思うような、何かに一生懸命に取り組んでいる人を、皆さんはヘレン以外にご存じですか？　今日はヘレンから皆さんにお話ししたいことがあります。彼女が自分で皆さんにそれをお伝えします。

（以下、ヘレン・ケラーのスピーチ）

ライオンズクラブの皆さん、皆さんもこんな言い回しをどこかで聞いたことがあると思います。

「チャンスとは目の前にある全てのドアをノックする移り気な女性のようだ。しかしもしドアがノックしてからすぐに開かなければ、彼女は次のドアへ移り、二度と戻ってくることはない」

チャンスとはそういうものなのです。愛くるしく魅力的な女性は、辛抱強く待ってくれやしませんよね。チャンスは自分で掴みにいくしかないのです。私こそが、皆さんの「目に見えるチャンス」です。私は今、皆さんのドアをノックしています。ノックする傍らで、すぐにドアが開くことを願っています。

この言い回しの中では、チャンスはあたかも一つだけのように表現されており、「いくつかの素晴らしいチャンスが一度に同じドアをノックしたらどうすればいいのか」が示されていません。そのときは、皆さんがいちばんいいと思うチャンスを掴めばいいと思います。そして皆さんにとって「いちばんいいと思うチャンス」が私であれば、とてもうれしいです。そして私が皆さんに（寄付を）オファーするチャンスは、素晴らしい可能性を秘めています。

想像できますか？　見えることが当たり前だと思っていたあなたが、今日突然、視力を失ったとしたら？　昼間でも真っ暗な闇にいる、そして手探りであたりを探りながらなんとかしようとするご自身の姿を。一人では何もできなくなります。仕事をするなんてとんでもありません。

私がどのように乗り越えてきたかは、皆さんご存じの通りです。他者の指に触れ言葉を学び、私の暗く困惑した心に他者の優しさが染みました。このようにして私は自分を、自分を取り巻く世界を、そして神すらも見つけたのです。全てはサリバン先生のおかげです。彼女が私を大切に思う心が、私を沈黙の闇から救い出しました。彼女がいたからこそ、今、私はみんなと私自身のために闘っています。

今日ここにいらっしゃる皆さんに私がオファーするチャンスはこれです。手だてを打つことが可能な患者には相当な処置をし、失明者をこれ以上増やさないために、力を貸してはもらえないでしょうか。「視覚障害を持つ小さな子供に教育機会を平等に与えたい」、そして「視覚障害を持つ全ての人がサポートを受けられる社会をつくりたい」という私の願いを一緒に叶えてはもらえないでしょうか？

皆さんは目が見える、耳が聞こえる、そして強く優しい心と勇気を持っている。「闇の騎士」となって私と一緒に「闇」と闘ってください。ご清聴ありがとうございました。

彼は決して
自分の得のために
友だちを売る
人間ではない。
それが人間の持つ
高潔さだ。

（演：アル・パチーノ）

盲目の退役軍人
フランク・スレード

映画「セント・オブ・ウーマン　夢の香り」より

「セント・オブ・ウーマン　夢の香り」▶1992年公開のアメリカ映画。人生に悲観し、ふて腐れた孤独な盲目の退役軍人が、自身もトラブルを抱え人生の選択に迫られている心優しい青年との数日間の交流を通じて、自分の人生を見つめ直し、新たな希望を見出すまでを描いたヒューマンドラマ。退役軍人役のアル・パチーノがアカデミー最優秀主演男優賞を受賞した。

（チャーリー・シムズは米ボストンの名門高校ベアード校に奨学金で入学した苦学生。裕福な級友たちとの差を感じつつ学校生活を送っていたある日、故郷オレゴンに帰る旅費を稼ぐため、家族旅行を拒否する盲目の退役軍人で、激しい気性のフランク・スレードの世話をすることに。

感謝祭の前日、チャーリーはクラスメイトのジョージと、同級生のハリー、トレント、ジミーの3人が、校長の愛車にいたずらを仕掛けている場面に遭遇。激怒した校長から、犯人の名前を明かせばハーバード大学へ推薦、断れば退学かの二者択一を迫られ苦悩する。そんな彼をフランクはニューヨーク旅行に連れ出し豪遊。フランクの人間的な魅力と孤独を知るうち、2人の間に信頼関係が築かれる。

休暇が終わり、校長主催による教員生徒合同の懲罰委員会にチャーリーとジョージが召喚される。そこに、チャーリーの親代わりの名目でフランクが登場、チャーリーの横に着席。校長の容赦ない尋問が始まると、ジョージは曖昧な証言で保身に走るが、最後には犯人の名前を告白。対し、チャーリーは、たとえイタズラをしたとはいえ、級友を売ることはできず具体的な証言を拒否。怒りをエスカレートさせた校長は「事実を隠ぺいし、虚偽の証言をした」としてチャーリーに退学処分を勧告する。窮地に追い込まれたチャーリー。そこにフランクが声を上げる）

このクソ裁判は、いったいなんなんだ！

このサル芝居はなんなんだ！

このサル芝居で、私の隣の若者だけが汚れのない魂を持ち続けている。

〝ここにいる誰か〟は彼を買収しようと、甘い話を持ちかけた。彼は売らなかった。

（発言を制する校長を遮り）

君はとんでもない校長だ。一発、お見舞いしたいが、私は疲れ果てた盲人だ。5年前の私なら火炎放射器で、ここを焼き払ってた。俺を甘く見るな。

俺は多くを見てきた。昔は見える目があった。ここの生徒より年若い少年たちが、腕をもぎ取られ脚を吹き飛ばされた。だが、誰よりも無残だったのは魂を潰された奴だ。潰れた魂に義足はつかない。

君らは、この優れた兵士をむざむざ故郷に追い返すだけでなく、彼の魂を殺そうとし

アル・パチーノが正義の重要性を訴える
クライマックスシーン。
右はチャーリーを演じたクリス・オドネル。
映画「セント・オブ・ウーマン　夢の香り」より

ているのだ。なぜか？　ベアード校の名を汚したから？　その名を汚しているのは他ならぬ君らだ。

ハリーにジミーにトレント、聞いてるか？　貴様らにも言う。ファック・ユー！

あんた（校長）は言った。「ここは、この国の指導者の育成校だ」と。

根が腐ってて何が育つのかね？

この学校の根は腐っている。どんな指導者を育成してるのやら。まったく恐ろしい話だ。

私には、チャーリーの沈黙の正誤は判断できない。だが、彼は決して自分の得のために友だちを売る人間ではない。それが人間の持つ高潔さだ。それが勇気だ。指導者が持つべき資質はそれだ。

私も何度か人生の岐路に立った。どっちの道が正しい道かは判断できた。いつも判断できた。だが、その道を行かなかった。困難な道だったからだ。

チャーリーも岐路に直面した。そして彼は正しい道を選んだ。真の人間を形成する信念の道だ。彼に旅の続きをさせてやろう。彼の未来は君ら委員会の手中にある。価値ある未来だ。保証する。潰さずに守ってやってくれ。愛情をもって。いつか、それを誇れる日が来る。

（台詞の一部を省略しています）

迷わず前に進め。パンチを恐れるな。

（演：シルベスター・スタローン）

ロッキー・バルボア

映画「ロッキー・ザ・ファイナル」より

「ロッキー・ザ・ファイナル」▶2006年公開のアメリカ映画。「ロッキー」シリーズ6作目にして完結編。左ページの台詞は、老ボクサー、ロッキー・バルボアの復活にあたり、疎遠だった息子ロバートが父のもとを訪ね「恥さらしな真似はやめてくれ。父さんのせいで、みんなからバカにされるのはゴメンなんだ」と抗議したことに対し、ロッキーが息子を抱きしめ言った言葉。

わかっていると思うが、世間はバラ色じゃない。下劣で浅ましい場所だ。
おまえがどれだけタフかは知ったことではない。
おまえは現実に打ちのめされ、何もしなければ永遠に打ちのめされたままだ。
おまえも俺も、この世の誰も、人生の現実が繰り出すパンチにはかなわない。

しかし肝心なのは、おまえがどれだけ強いパンチを打てるかではない。
どれだけ強いパンチを食らっても、前進を続けられるかどうかだ。
どれだけ我慢して、前進を続けられるかだ。その先に勝利がある。

いいか、自分の価値を信じるなら、迷わず前に進め。
だが決してパンチを恐れるな。
他人を指さし、自分の弱さをそいつらのせいにするな。
それは卑怯者のやることだ。おまえは違う。

この先、何があろうと、俺はおまえを愛し続ける。
おまえは俺の息子だ。俺の血が流れている。人生のかけがえのない宝物だ。
だけど、おまえは自分自身を信じなければ、人生はつかめない。

このような不幸から、日本は大きく立ち上がることができる、私はそう確信しています。

ブータン王国

ジグミ・ケサル国王

東日本大震災後、初来日した際の国会演説

2011年11月17日

ジグミ・ケサル国王 ▶ ジグミ・ケサル・ナムゲル・ワンチュク。1980年、第4代ブータン国王と第3王妃との間の長男として誕生。2008年、第5代国王に即位。2011年11月、前月に結婚したばかりの妻ジェツン王妃と共に国賓として来日。国会演説で未曾有の大震災に遭った日本にエールを送り、被災地の福島県相馬市にも足を運んだ

天皇皇后両陛下および日本国民の皆さまに対し深い敬意を表しますと共に、このたび日本国国会で演説を行う機会を賜りましたことを、謹んでお受けしたく存じます。
衆議院議長閣下、参議院議長閣下、内閣総理大臣閣下、国会議員の皆さま、ご列席の皆さま、世界史において、かくも傑出した重要性を持つ機関である日本国国会の中で、その偉大なる英知、経験および功績を目の当たりにした一人の若者として、私は皆さまの前に立っております。皆さまのお役に立てるようなことを私から多く申し上げられるとは思いません。それどころか、この歴史的瞬間からたいへん多くを得ようとしているのは、私のほうです。このことに永遠に感謝いたします。

妻ジェツンと私は、結婚のわずか1ヶ月後に日本にお招きいただき、ご厚情を賜りましたことに感謝申し上げます。これは両国間の長年の友情を支える皆さまの寛大な精神の表れであり、特別のおもてなしであると認識しています。ご列席の皆さま、演説を進める前に、私の父である先代国王ジグミ・シンゲ・ワンチュク陛下並びにブータン政府およびブータン国民から皆さまへのお祈りと祝福の言葉をお伝えしなければなりません。

ブータン国民はつねに日本に強い愛着を持ち、何十年もの間、偉大な貴国の成功を心情的に分かち合ってまいりました。

3月（11日）の壊滅的な地震と津波のあと、ブータンのいたる所で、かくも多くのブータン人が寺院や僧院を訪れ、日本国民に慰めと支えを与えようとして、供養のための灯明を捧げつつ、ささやかなるも心のこもった勤めを行うのを目にし、私は深く心を動かされました。私自身、押し寄せる津波のニュースを為す術もなく見つめていたことを覚えています。

そのときからずっと私は、愛する人を亡くした家族の痛みと苦しみ、生活基盤を失った人々、人生が完全に変わってしまった若者たち、そして大災害から復興しなければならない日本という国に対する私の深い同情を、直接お伝えすることのできる日を待ち望んでまいりました。

いかなる国も国民も、決してこのような苦難を経験すべきではありません。しかし仮に、このような不幸からより強く大きく立ち上がることができる国が一つあるとすれば、それは日本と日本国民である、私はそう確信しています。皆さまが生活を再建し復興に向けて歩まれる中で、我々ブータン人は皆さまと共にあります。我々の物質的な支援はつつましいものですが、我々の友情、連帯、思いやりは心からの真実であるものです。

ご列席の皆さま、我々ブータンに暮らす者はつねに、日本国民を親愛なる兄弟姉妹であると考えてまいりました。家族、誠実さ、そして名誉を守り、個人よりも地域社会や国家の望みを優先し、また自己よりも公益を高く位置づける強い気持ちによって、両国民は結ばれています。２０１１年は両国の国交樹立25周年にあたる特別な年です。しかし、ブータン国民はつねに、公式な関係を超えた特別な愛着を日本に抱いてまいりました。

世界は常に日本のことを、たいへんな名誉と誇り、そして規律を重んじる国民、歴史に裏打ちされた誇り高き伝統を持つ国民、不屈の精神、断固たる決意、そして秀でることへの願望をもって何事にも取り組む国民、知行合一の国民、兄弟愛や友愛、揺るぎない強さと気丈さを併せ持った国民であると認識してきました。これが神話ではなく、現実であると謹んで申し上げたいと思います。それは、近年の不幸な経済不況や3月の自然災害への皆さまの対応において示された事実です。

皆さまは、日本および日本国民の素晴らしい資質を示されました。他国であれば、国家を打ち砕き、無秩序、大混乱、そして悲嘆をもたらしたであろう事態に、日本国民の皆さまは、最悪の状況下でさえも、静かな尊厳、自信、規律、心の強さをもって対処されました。文化、伝統および価値にしっかりと根差したこのような卓越した資質の組合せは、我々の現代の世界で他に見出すことはほぼ不可能です。

全ての国がこれを熱望しますが、これは日本人の特性の不可分の要素です。このような価値観や資質は昨日生まれたものではなく、何世紀もの歴史から生まれたものです。それが数年、数十年で失われることはありません。そうした力を備えた日本には、非常に素晴らしい未来が待っていることでしょう。

この力により日本は、歴史を通じてあらゆる逆境から繰り返し立ち直り、世界で最も成功した国の一つとしての地位を築いてきました。さらに注目に値すべきは、日本がためらうことなく、世界中の人々と自国の成功をつねに分かち合ってきたことです。

ご列席の皆さま、ブータンは、人口約70万人の小さなヒマラヤの国です。国の魅力的な外形的特徴と豊かで人の心を捉えて離さない歴史が、ブータン人のあらゆる性質を形作っています。ブータンは美しい国であり、面積は小さいながらも、国土全体に広がる多様な地形に数々の寺院、僧院および城塞が点在し、何世代ものブータン人の精神性を反映しています。手つかずの自然があり、我々の文化と伝統は強靭で活気を保っています。ブータン人は、何世紀も続けてきたように、人々の間に深い調和の精神を育む、質素で謙虚な生活を送り続けています。

2011年11月17日に行われた国会でのスピーチは大きな感動を呼んだ

今日のめまぐるしく変化する世界において、国民が何よりも調和を重んじる社会、若者が優れた才能、勇気および品位を持ち、先祖の価値観によって導かれる社会、そうした思いやりのある社会で生きる我々のあり方を、私は最も誇りに思います。我が国は、有能な若きブータン人に懸かっています。我々は、歴史ある価値観を持つ若々しい現代的な国民です。小さな美しい国でありますが、強い国でもあります。

それゆえ、ブータンの成長と開発における日本の役割はたいへん特別なものです。日本からは、我々が独自の願望を満たすべく努力する中で、貴重な援助や支援だけでなく、力強い励ましもいただいてきました。日本国民の寛大さと、両国民の間を結ぶより高次で大きな自然の絆、言葉に言い表せない、しかし非常に特別な、そして精神的な絆により、ブータンはつねに日本の友人であり続けます。

日本は、かねてよりブータンの最も重要な開発パートナーの一つです。それゆえ、日本政府およびブータンで暮らし我々と共に働いてくれた日本人の方々のブータン国民への揺るぎない支援と善意に対し、感謝の意を伝えることができてたいへん嬉しく思います。

私はここに、両国民の間の絆をより強め、深めるための不断の努力を行うことを誓います。ブータン国民から日本国民の皆さまへの祈りと祝福の言葉を改めて申し伝えます。

ご列席の皆さま、簡単ではありますが、ゾンカ語（ブータンの国語）でお話しすることをお許しいただければ幸いです。

（ゾンカ語での祈りが捧げられる）

ご列席の皆さま、私は祈りを捧げました。小さな祈りですが、日本と日本国民がつねに平和と安定、調和を経験し、そしてこれからも繁栄を享受されますようにとの祈りです。

ご清聴ありがとうございました。

（スピーチの一部を省略しています）

幸福こそが人類の最も重要な原料だ。

ウルグアイ元大統領

ホセ・ムヒカ

「リオ＋20　地球サミット2012」政府代表演説

2012年6月20日

ホセ・ムヒカ ▶ 1935年ウルグアイ・モンテビデオ生まれ。1960年代に極左ゲリラ組織に加入。軍事政権下で13年間の投獄生活を送ったのち、政治家に転身。2010年から2015年までウルグアイ第40代大統領を務める。在任中の2012年6月、ブラジル・リオデジャネイロで開催された地球サミットで消費社会に警鐘を鳴らし、世界中で大きな反響を呼ぶ。報酬の大部分を財団に寄付、月1千ドル強で生活し「世界でいちばん貧しい大統領」とも呼ばれた。

会場にお越しの政府や代表の皆さま、ありがとうございます。ここに招待いただいたブラジルとジルマ・ルセフ大統領に感謝いたします。私の前に、ここに立って演説した快きプレゼンテーターの皆さまにも感謝いたします。国を代表する者同士、人類が必要であろう国同士、議決しなければならない素直な志をここで表現しているのだと思います。

しかし、頭の中にある厳しい疑問を声に出させてください。午後からずっと話されていたことは持続可能な発展と世界の貧困をなくすことでした。私たちの本音は何なのでしょうか？　現在の裕福な国々の発展と消費モデルを真似することでしょうか？

質問をさせてください。ドイツ人が一世帯で持つ車と同じ数の車をインド人が持てばこの惑星はどうなるのでしょうか？　息をするための酸素がどれくらい残るのでしょうか？　同じ質問を別の言い方ですると、西洋の富裕社会が持つ同じ傲慢な消費を世界の70億～80億人の人ができるほどの原料がこの地球にあるのでしょうか？　可能ですか？

それとも別の議論をしなければならないのでしょうか？　なぜ私たちはこのような社会をつくってしまったのですか？

マーケットエコノミーの子供、資本主義の子供たち、すなわち私たちが間違いなくこの無限の消費と発展を求める社会をつくってきたのです。マーケット経済がマーケット社会をつくり、このグローバリゼーションが世界のあちこちまで原料を探し求める社会にしたのではないでしょうか。

私たちがグローバリゼーションをコントロールしていますか？　グローバリゼーションが私たちをコントロールしているのではないでしょうか？　このような残酷な競争で成り立つ消費主義社会で「みんなの世界を良くしていこう」というような共存共栄な議論はできるのでしょうか？　どこまでが仲間でどこからがライバルなのですか？

このようなことを言うのはこのイベントの重要性を批判するためのものではありません。その逆です。我々の前に立つ巨大な危機問題は環境危機ではありません、政治的な危機問題なのです。

現代に至っては、人類がつくったこの大きな勢力をコントロールしきれていません。逆に、人類がこの消費社会にコントロールされているのです。私たちは発展するために生まれてきているわけではありません。幸せになるためにこの地球にやってきたのです。人生は短いし、すぐ目の前を過ぎてしまいます。命よりも高価なものは存在しません。

ハイパー消費が世界を壊しているのにもかかわらず、高価な商品やライフスタイルのために人生を放り出しているのです。消費が社会のモーターの世界では、私たちは消費をひたすら早く多くしなくてはなりません。消費が止まれば経済が麻痺し、経済が麻痺すれば不況のお化けがみんなの前に現れるのです。

このハイパー消費を続けるためには商品の寿命を縮め、できるだけ多く売らなければなりません。ということは、10万時間持つ電球を作れるのに、1千時間しか持たない電球しか売ってはいけない社会にいるのです。そんな長く持つ電球はマーケットに良くないので作ってはいけないのです。人がもっと働くため、もっと売るために「使い捨ての社会」を続けなければならないのです。悪循環の中にいるのにお気づきでしょうか。これはまぎれもなく政治問題ですし、この問題を別の解決の道に私たち首脳は世界を導かなければなりません。

石器時代に戻れとは言っていません。マーケットをまたコントロールしなければならないと言っているのです。私の謙虚な考え方では、これは政治問題です。

昔の賢明な方々、エピクロス（古代ギリシャの哲学者。快楽主義の祖）、セネカ（古代ローマの哲学者で、皇帝ネロの家庭教師を務めた）やアイマラ民族（南米の先住民族）までこんなことを言っています。

「貧乏な人とは、少ししかものを持っていない人ではなく、無限の欲があり、いくらあっても満足しない人のことだ」

これはこの議論にとって文化的なキーポイントだと思います。国の代表者としてリオ会議の決議や会合をそういう気持ちで参加しています。私のスピーチの中には耳が痛くなるような言葉がけっこうあると思いますが、皆さんには水源危機と環境危機が問題源でないことをわかってほしいのです。根本的な問題は私たちが実行した社会モデルなのです。そして、改めて見直さなければならないのは私たちの生活スタイルだということを。

ホセ・ムヒカ。ウルグアイ大統領としてスピーチに立ったリオ会議にて（2012年6月20日）

私は環境資源に恵まれている小さな国の代表です。私の国には３００万人ほどの国民しかいません。でも、１千３００万頭の、世界で最も美味しい牛が私の国にはいます。ヤギも８００万から１千万頭ほどいます。私の国は食べ物の輸出国です。こんな小さい国なのに領土の90％が資源豊富なのです。

私の同志である労働者たちは、8時間労働を成立させるために闘いました。そして今では、6時間労働を獲得した人もいます。しかしながら、6時間労働になった人たちは別の仕事もしており、結局は以前よりも長時間働いています。なぜか？　バイク、車などのリボ払いやローンを支払わないといけないのです。毎月2倍働き、ローンを払っていったら、いつの間にか私のような老人になっているのです。私と同じく、幸福な人生が目の前を一瞬で過ぎてしまいます。

そして自分にこんな質問を投げかけます。これが人類の運命なのか？　私の言っていることはとてもシンプルなものです。発展は幸福を阻害するものであってはいけないのです。発展は人類に幸福をもたらすものでなくてはなりません。愛情や人間関係、子供を育てること、友だちを持つこと、そして必要最低限のものを持つこと。これらをもたらすべきなのです。

幸福が私たちの最も大切なものだからです。環境のために闘うのであれば、幸福こそが人類の最も重要な原料だということを忘れてはいけません。

ありがとうございました。

「プレジャー」は短命だが、「ジョイ」は永続する。

映画監督、映画プロデューサー

ジョージ・ルーカス

アカデミー・オブ・アチーブメントでの講演

2013年10月1日

ジョージ・ルーカス ▶ 1944年米カリフォルニア州生まれ。1973年に監督した「アメリカン・グラフィティ」で注目を浴び、1977年の「スター・ウォーズ」の大ヒットにより世界的名声を得る。以後、同シリーズ、「インディー・ジョーンズ」シリーズなどの製作を手がけ、雑誌『フォーブス』の「アメリカで最も裕福なセレブリティ」では純資産54億ドルで第1位となった。

これまで生きてきて気づいたのは、幸せには2種類あるということです。それは「プレジャー」と「ジョイ」です。プレジャーは短命で、1分や1時間、1ヶ月くらいしか持ちません。ピークは低くなったり、とても高くなったりします。次に同じピークに達するには、2倍努力をしなければなりません。ドラッグのようなもので、やり続けなければ消えてしまうのです。ショッピングでも何でもプレジャーの質は同じなのです。

一方、ジョイは、感情の反応という意味ではプレジャーほど高くはなりません。しかし、継続し、呼び起こすことができるのです。プレジャーではできません。プレジャーほど強力ではなくとも、長く続くのです。

プレジャーを得た人は、もっと金持ちになりたい、もっと車が欲しいと言い続け、最初に車を手にした瞬間を追体験することはできません。それだけなのです。それがピークなのです。

3機か4機の新しいガルフストリームジェット（ビジネスジェット機）を手に入れたら、近づけるかもしれませんが、それをやり続けなければいけません。そしてついには資金を使い果たしてしまいます。そんなことはできません。プレジャーのピークを維持し続けようとすれば破滅するのです。

ジョイは永続します。ジョイは共感です。他の人やモノに対して、自分を捧げるのです。継続することによって、プレジャーよりもずっとパワフルになります。

（スピーチの一部を省略しています）

思うは招く。

植松電機代表取締役社長

植松 努

TEDxSapporo（※1）における講演

2014年7月13日

植松 努 ► うえまつつとむ。1966年北海道芦別市生まれ。1989年、北見工業大学工学部応用機械工学科卒業後、菱友計算に入社。1994年同社を退社し、父が経営する植松電機に入社。産業廃棄物からの除鉄、選鉄に使う電磁石の開発製作を手がける。2004年から北海道大学と共同で民間ロケット開発に着手し、2009年にはJAXA（宇宙航空研究開発機構）と共同でロケットの打ち上げ実験を実施。2016年、植松電機代表取締役社長に就任。小・中・高校を中心として主に10代を対象に講演活動を行っている。著書多数。

皆さん、こんにちは。今から皆さんに時間を借りてお話を聞いてもらいます。それは「思うは招く」っちゅうお話です。僕の母さんが中学生のときに教えてくれた言葉です。思ったらそうなるよって意味です。思い続けるって大事です。僕は今日のお話で皆さんの中から仲間が見つかったらいいやと思っていますので、ぜひね、仲間になってほしいです。

僕は今から47年前に生まれました。小さかった僕に、ばあちゃんが大事なことを教えてくれました。僕のばあちゃんは北海道の北にある樺太という島で昔から自動車の会社をやっていて、頑張って働いて、お金を貯めて、豊かに暮らしたそうです。でも、樺太は1945年、突然、ソビエト軍が攻めてきてたくさんの人が殺されて、ばあちゃんは自分が貯金したお金が全部紙くずになったことを知ったそうです。だから、ばあちゃんは、小さい僕に教えてくれました。

「お金は値打ちが変わってしまうもんだよ。だから、くだらないお金があったら、貯金なんかしないで、本を買いなさい。頭に入れなさい。それは、誰にも盗られないし、新しいことを生み出すんだよ」と教えてくれました。だから僕は本屋が大好きな子供になりました。

また、僕には大好きなじいちゃんがいました。おっきくて優しいじいちゃんです。僕とじいちゃんとの一番の思い出はアポロ（11号）の月着陸（1969年7月20日）です。一緒にテレビ見ました。僕が覚えてるのは、じいちゃんが見たこともないほど喜んでいる姿です。「ほら見れ〜、ほら見れ〜」って「人が月へ行ったぞ」って「おまえも月行けるぞ」って喜んでるんです。僕はそんな喜んでるじいちゃん見たことなかったです。僕はその笑顔がもっかい見たかったです。だから本屋に行ったら僕は飛行機やロケットの本を手に取ったんです。そしたら、じいちゃんはでっかい手で僕の頭をなぜてくれるんです。ほめてくれるんです。僕はきっとじいちゃんの笑顔が見たくって、きっと飛行機、ロケットが好きになっちゃったんだろうって思います。

僕はそのあともいろんな素晴らしい本に出会います。そして中学生になった頃には、僕の夢は、飛行機やロケットの仕事をすることになっていました。自分なりに一生懸命勉強していました。でも、中学校の先生が僕に教えてくれました。「そんな夢みたいなことを言ってないでテスト勉強をしなさい」と言われました。確かに僕は飛行機やロケットの勉強はしたけど、学校の勉強はほったらかしだったんです。なんにもしていませんでした。

先生はさらに教えてくれます。「そもそも宇宙なんちゅうものはよほど頭が良くないと無理だ。すごくお金がかかるんだぞ。だからそれは別世界の話だ。おまえなんかにできるわけがない」って。僕はとっても悲しくなりました。

そして考えたんです。「夢ってなんだろう?」って。できそうな夢しか見ちゃダメなんでしょうか。でも、「できるかできないかはいったい誰が決めるんだろう」って思いました。「やってみなきゃわかんないはずなのに、やったこともない人が決めるのは変じゃないのかな」と思いました。そして僕は、「今できないことを追いかけることが夢っていうんじゃないのかな」って思ったんです。

ところが、そうじゃないみたいです。なぜならば、僕はいろんな大人に脅されたんです。「ちゃんと勉強をしなければ、いい学校に行けなくて、いい会社に入れなくて大変だよ」って。僕はあんまり成績良くないです。だから心配になって質問をしました。「いい会社ってなんだろう?」って。そしたら大人が教えてくれました。「安定していて、楽をしてお金をもらえるのがいい会社だ」と。

僕は納得できませんでした。なぜならば、勉強すればするほど能力が身につくはずです。ところが、せっかく身につけたその能力をなるべく使わないで楽をするために勉強するんだって言われたんです。「そんなら勉強しなくていいんじゃないの?」と思ってしまったんです。

でも、お金があるといいことがいっぱいあるかもしれません。(ステージのスクリーンに映し出された車を見て) 例えば、このすっごい車! 僕んじゃないです。僕んじゃないです、これは(笑)。

この車が手に入るのは金持ちだからでしょうか。全然違いますね。この車が手に入るのは、お金で買うことができるのは、どっかで誰かが頑張って造っているからなんです。もっといいものを造ろうと思って、一生懸命研究して努力している人たちがいるから、売ってもらえてるから買うことができてるだけの話なんです。

実はお金ってたいしたことないんです。だって、お金が必要な夢とかお金がないと無理だあっていう夢、それは実は、誰かがしてくれるサービスにすぎないんです。これを待ってるだけの話なんです。自分ができなければできないほど、してもらうしかありません。ということは、生きてくためにどんどんお金がかかってしまうということなんです。

ところが、自分ができると、できることがあればあるほど、それはしてあげられるから仕事になるかもしれないっちゅうことなんです。ということは、人間が生きてくうえで大事なことは、できなかったことができるようになることなのかもしれません。それが、もしかしたら人間にとって素晴らしいことかもしれません。だとしたら、僕が考えた「今できないことを追いかけるのが夢なんじゃないの？」っていうのは正しいのかもしれないんです。

僕は、一生懸命、自分の大好きなことを追いかけたんです。でも、それはまわりの人に理解されなくなりました。友だちからも先生からも、そして、親からも「そんなことしてて大丈夫なのか？」と言われるんです。「意味なくね？」と「なにそれ自慢？」って言われて、僕はどんどん独りぼっちになっていくんです。自分の好きなことを人にしゃべることができなくなってしまうんです。

でも、そんな僕を助けてくれた人たちがいました。その人たちは本の中の人たちです。僕を助けてくれたのはライト兄弟だったり、エジソンだったり。彼らも誰にも信じてもらえない人たちでした。でも、彼らは一生懸命頑張ったんです。その人たちが僕を助けてくれました。だから、僕は頑張ったんです。

僕は生まれて初めて会社経営したんですが、びっくりするぐらいいきなり大成功です（笑）。もうね、年商がね、10倍ぐらいになっちゃったんですよ。それでいい気になって大失敗です。2億円借金作りました。自分のせいだと思いました。全部自分でなんとかしなきゃと思って、一人で抱え込みました。自分を責めました。そして、日本中飛び込み営業に歩いたらひどい目にばっかり遭います。だから、飛行機乗るたんびに、今日こそ、この飛行機墜ちてくれって一生懸命祈りました。

やがて僕は成長して、えげつないことも冷酷なこともできるようになって、競争相手をやっつけたり陥れたりできるようになりました。その人にどんな家族がいるかなんて一つも考えませんでした。売り上げが増えていくと銀行の人がほめてくれました。でも僕の心はすっかりおかしくなっていて、誰も信じることができません。独りぼっちなんです。そして何もかも〝合理〟でしか考えられないんです。やがては自分の大切なものも全部捨ててしまおうとまで思いました。

そんなときに僕、会社が苦しかったもんだから、日本中を歩いていていろんな人にアドバイスされたんです。「青年会議所に入ったらいいよ。売り上げにつながるよ」って。

僕はよこしまな気持ちで青年会議所に入りました。ところが、売り上げにはつながりませんでした。

でも、そこで僕はかけがえのない知らなかった人たちと出会うチャンスをもらったんです。僕はそこで友だちを作り、その友だちが僕を誘ってくれて児童養護施設にボランティアで手伝いに行くことになったんです。ところが、一生懸命準備して行ってみたその施設の子供たちは、親からひどい目に遭った子供たちでした。

最初は誰も近寄ってきませんでした。でも、一生懸命関わっていたら、帰る頃には「帰らないで」って言ってくれました。スキンシップを求めてくれました。友だちと一緒に「やぁいいことしたよね。今日打ち上げどこでやろうか?」なんて帰ろうと思ったらば、男の子が自分の夢を聞かせてくれました。

その子の夢は、親ともう一度暮らすことだそうです。「信じられん」と思いました。「なんでひどい目に遭わせた親のことをまだ愛してんの?」って思いました。そして「なんもいいことできてないわ」と思いました。だっていくらお金を寄付したとしても、その子を連れて帰ってうちの子にしたとしても何の解決にもなりません。なぜならば、その子はまだ親を愛してるからです。

「なんでこんなことが起きるんだろう?・」って思いました。そして、自分は何のために人をやっつけてまで金稼いでんだろうって思いました。いろんなことがわかんなくなっちゃいました。ぐるんぐるんしてしまいました。そしたら封印した記憶が蘇ってきました。

僕は小学校に上がってすぐに担任の先生にものすごい嫌われたんです。自分が信じていたことや、ばあちゃんが教えてくれたことは全部否定されました。僕の夢は「おまえなんかにできるわけがない」ってさんざん言われました。じいちゃんがなぜてくれた頭は先生にさんざん殴られました。とってもつらかったです。それを助けてくれる大人はいなかったです。

僕はその先生が言っていた言葉を忘れてません。その先生は「どーせ無理」という言葉をよく使っていたんです。この「どーせ無理」という言葉が恐ろしいなと思いました。これは人間の自信と可能性を奪ってしまう最悪の言葉です。

でも、とっても簡単な言葉なんです。これを唱えるだけで何もしなくて済んでしまうから、とっても楽チンになれる恐ろしい言葉でもあるんです。こんな言葉で未来をあきらめさせられてしまった人たちは自信を失ってしまうんです。

人間は生きてくためにはどうしても自信が必要なんです。だから、自信をなくしてしまった人の中にはお金で自信を買うようになって身を飾るようになったり、また、それを自慢しなければいけなくなったり、そのために、人を見下さなければいけなくなってしまったり、また、他の人が頑張ったら困るから努力を邪魔するようになってしまう人もいるんです。

こういう人が皆さんの身のまわりにも、もしかしたらいるかもしれません。その人たちは自信をなくしてしまった可哀相な人たちなんです。その人たちが自分の自信を守りたくって、しょうがなく他の人の自信を奪ってしまってるのかもしれません。


僕の会社にアフリカの人たちが来てくれました。彼らが僕の話を聞いてくれたあとで教えてくれました。今アフリカでは「自分なんて勉強したって無駄だぁ」「努力したって無駄だぁ」って、自分の未来や可能性をあきらめてしまった人たちが最後には人を殺して奪うようになるんだそうです。なぜならば、頑張れないから、生み出せないから、奪うしかないんです。暴力で奪うこともできます。他にも嘘をついたり、弱いふりをしたり、だましたりして奪うこともできるんです。でも、みんなが奪ってしまったら社会なんか成立しないんです。

僕はこの「どーせ無理」という言葉の恐ろしさを知ることができました。「どーせ無理」なんて、人間は最初から知らなかったはずです。いつ僕たちはこんな言葉を覚えちゃうんだろうって考えたんです。それが宇宙かなって思ったんです。


宇宙は美しいです。だから、誰もがちっちゃい頃に一回は憧れるんです。皆さんは自分が宇宙開発できると思ってますか？　宇宙なんてよっぽど頭が良くないと、すごくお金がかかるって思い込んでませんか？　国家事業だって思ってませんか？　誰がそれを教えてくれましたか？

そんなことを教えてくれるのは、やったことがない人なんです。やったことがない人が、適当な、やらない言い訳を教えてくれるんです。そのせいで僕たちは何をしていいのかわからなくなるんです。何ができるのかもわからなくなってしまうんです。だからこそ僕は「どーせ無理」という言葉をなくそうと思いました。これがなくなったら「いじめや暴力や戦争がなくなるかもしれない。児童虐待もなくなるかもしれない」って思いました。

僕は「ロケットは危ないから造っちゃいけない」ということを知っていました。だからあきらめてました。でも、神様がいたんです。神様が北海道大学の永田教授（※2）に会わせてくれました。永田教授は奇跡的に安全なロケット研究をしてました。そして奇跡的にお金がなくてあきらめようとしていました。僕はお金がないけど物が造れるんです。そんな二人が出会っちゃったんです。

以来、僕は人の出会いには意味があるんだなと思うようになりました。神様が「あんたとあんた、会いなさい」って会わせてくれてるんです。今日、皆さんと会えてるのも、神様が「そろそろ会っときな」って言ってくれたんだと思います。

僕と永田先生は助け合えたんです。なぜならば二人とも足りなかったからなんです。実は、人は足りないから助け合うことができるんです。足りてたら人の助けなんか必要ないじゃないですか。人は足りないから助け合えるんです。だからこそ足りないことをバカにしちゃいけないんです。恥ずかしいって思う必要もないんです。

大事なことは「自分は何やっても中途半端だなぁ」だなんて自分を責める必要なんか全くなかったんです。実は中途半端っちゅうのは、何もしないよりも何もできないよりも全然いいんです。ちょっとできてるだけマシなんです。だから自分を責めることなく、足りない自分をマイナスに思う必要なく、一生懸命できることをすればいいんです。

僕は信じてるんです。「どーせ無理」をなくせば、いい社会が来ると。でも、僕一人でできることに限りがあるからどうしても仲間がほしいんです。これは僕の代で終わらない夢なのかもしれないんです。皆さんの力を貸してほしいんです。皆さんが今日から「どーせ無理」っちゅう言葉に出会ってしまったときに「だったらこうしてみたら？」って言ってくれたら、ただそれだけでいつか「どーせ無理」がなくなって、この世からいじめも虐待もなくなるんです。だから、ぜひ、皆さんの力を貸してほしいです。

学問というものがあります。僕らは学問を一生懸命学んできました。では、学問っちゅうのは「誰かに評価されるためのもの」だったんでしょうか。とんでもない間違いですね。学問っちゅうのは「社会の問題を解決するために人類が生み出したもの」なんです。必死になって築き上げたものなんです。

じゃあ教育ってなんでしょうか。教育っていうのは「失敗の避け方とか、責任の避け方っちゅう、要領いい生き方を教えるためのハウツー」でしょうか。全然違いますね。教育というものは「死に至らない失敗を安全に経験させるためのもの」なんです。でも、それがすっかりおかしくなってしまったんです。

なぜかというと、「失敗をマイナスだと思っている大人がたくさんいたから」なんです。その人たちが、みんなの可能性と自信を奪ってきたんです。でも大丈夫です。これからの日本を良くしていくためには、世界を良くしていくためには、やったことないこと、やりたがる人、あきらめない人、工夫する人が増えればいいんです。「どーせ無理」に負けない人が増えればいいんです。

じゃあ、その人たちはいったいどこにいるのか、それはみんなです。全ての人がそうなんです。なぜならば、僕ら人間は必ず小さい頃を経験するからなんです。皆さんも思い出してみてください。小さい頃はボタンあったら押してみたかったんです。ハンドルあったら回してみたかったんです。そして、「余計なことすんじゃない」って怒られるもんだったんです。

生まれたときから、あきらめ方を知ってる人間なんて、この世に一人もいないんです。皆さんは全員、あきらめ方を知らないで輝いて生まれてきたんです。でも、僕たちはあきらめ方をちょっと習っちゃってるかもしれません。

そんな自分たちの自信を取り戻すための、とてもいい方法がひとつだけあります。それは「やったことがないこと、やってみる」なんです。やったことないこと、やったらそれだけでちっこい自信がわいてきますから、ぜひ、皆さんはやったことがないことに挑んでみてほしいって思います。

でも、やったことないことやると失敗するんです。（スクリーンを見て）これは実験映像です。ロケットが火噴いて飛びました。…飛びませんでした。火噴いて落っこちやってきました。どうすりゃいいのか。コントローラーを捨てて逃げる（笑）。今どき、こんな昭和な逃げ方する人、なかなかいないんですけどね。この実験映像が示していることは「マズイと思ったら逃げるもあり」ということなんです。

僕が知ってる限り、まじめで優しくて、責任感のある人ばっかり死んでしまうんです。死なないでほしいんです。生き延びてほしいんです。マズイと思ったら逃げるのも絶対ありなんです。そして、失敗した自分を、逃げた自分を、あきらめた自分を責めないでください。へこまないでください。そんなことする必要ないです。こんなとき、自分の心の中は苦しいとか、つらいとか、申し訳ないとか、くやしいとか、悲しいとか、恥ずかしいがぐるんぐるんして大変なことになるんです。

でもこれがぐるんぐるんしてる最中は「ただいま成長中！」って言えばいいんです。そしたら「ぷりっとひと皮むける」んです。だから、ぜひ「ただいま成長中！」って言ってみてください。

僕らにとって失敗というものは、より良くするためのデータにすぎませんから、ぶっつけ本番だからね。失敗して当たり前です。失敗はより良くするためのデータだと思って乗り越えてほしいです。

僕たちは、してもらうためや、あきらめるために生まれてきたんじゃないです。そんなことのために生まれたんじゃないです。僕たちは世界を救うために生まれました。世界を救うの簡単です。世界を構成する全ての人間が「自分なんて…」って思わなくなるだけで世界は救われてしまいます。今日から一人一人ができる世界の救い方です。

だからぜひ今日から救ってください。自分なんて…って思わないでください。これから先、僕らがやってくべきことは、できない理由を探すことではありません。できる理由を考えることです。ただそれだけで世界はきっと、あっという間に良くなるんです。

最後に「このひと言があればどんな夢も叶っちゃうよ」って言葉をプレゼントして終わりにしたいと思います。それは、「だったらこうしてみたら？　で夢は叶う」です。考えてみてください。自分の夢を誰かにしゃべったときに「いやそれ無理だわ」って言われたら元気なんかなくなります。

植松氏の講演は大きな反響を呼んだ
（2014年7月13日、TED Sapporoにて）

でも、「だったらこうしてみたら？　こないだ本屋にこんな本売ってたよ」「こないだテレビでこんな番組やってたよ」って言われたら、もっと元気がわくじゃないですか。そのほうが絶対楽しいです。

お互いに夢をしゃべって、お互いに「だったらこうしてみたら？」って言ってたら全員の夢が叶ってしまいます。全員有名人になっちゃいます。素晴らしいですね。

そしたら「どーせ無理」がなくなるなと思ってますので、ぜひ、みんなで「だったらこうしてみたら？」を流行らせていきたいと。それがきっと、僕たちが出会えた意味かもしれませんから、お互いに助け合っていきたいと思います。ということで僕もこれからも頑張りますんでね。

今日は本当にどうもありがとうございました。

（スピーチの一部を省略しています）

※1　TED（Technology, Entertainment,Designの頭文字をとったもの）はアメリカ発のビデオコンテンツで、札幌では2012年より毎年1回、北海道に存在する様々なアイデアやビジョンを発信すべく、複数のゲストを招き講演を実施している。

※2　永田晴紀。日産自動車宇宙航空事業部を経て、1996年から北海道大学で教鞭を執る。1998年よりハイブリッドロケットの研究を開始。2006年、植松努氏と宇宙開発ベンチャー企業、カムイスペースワークスを共同出資で設立。現在、北海道大学大学院工学研究院教授。

「人生」と書いた人の気持ちに応えられているか。

裁判官
小野裕信

ピエール瀧被告に対する説諭

2019年6月18日

小野裕信 ▶ おのひろのぶ。1975年生まれ。司法修習第55期。2002年、大阪地方裁判所判事補としてキャリアをスタート。人情派裁判官として知られ、2009年には水戸地裁で、寝たきりの84歳妻に頼まれ、妻を絞殺した89歳の男性被告に懲役3年執行猶予5年の“温情判決”を下し、「仏壇の前でひ孫を持ち上げ、温かさや重さを奥さんに報告して弔ってほしい。寒いが体に気をつけて」と気遣った。

（2019年3月、コカインの使用で逮捕された、俳優でテクノバンド・電気グルーヴのメンバー、ピエール瀧被告の公判が同年6月18日、東京地方裁判所で行われた。小野裁判官は、判決で「違法薬物に対する親和性が表れた常習的な犯行で、同情の余地はない」と指摘する一方、「土治医の指導に従って治療を受け、違法薬物を断つと誓約している」として懲役1年6月、執行猶予3年を言い渡した後、こう続けた）

有名人だからといって、ことさら刑を重くしたり手心を加えたことはありません。ただ、言っておきたいと思ったことがあります。（証拠の写真を瀧被告に示しながら）漢字2文字が書いてあります。読んでいいですか。（瀧被告「はい」）

「人生」と書いてあります。どうして「人生」と貼ってあるのか検討しました。インディーズ時代を含めて、よく出てくる言葉だとわかりました（「人生」は電気グルーヴ結成前、ピエール瀧が高校の同級生、石野卓球らと組んでいたバンド名）。

そこで、3つのことを問いたい。人生をどうしたいのか。人生の持つ意味とは何か。「人生」と書いてくれた人の気持ちに応えられているか。

あなたが芸能界に復帰できるのか、復帰できても何年先になるのかはわかりません。でもいつか薬物のドーピングがなくても、芝居が良いとか、これまでより活躍していると、社会の人から見てもらえる日が来ることを切に願っています。謝罪やカウンセリングの中で迷ったり悩んだり孤独になることがあるんじゃないかと思います。そのときは「人生」と書いた人の気持ちに応えられているかを、胸に手を当てて考えてほしい。それがあなたがいるべき場所を見失わない上での大切なことじゃないでしょうか。

裏切るなら
絶対に許さない。

環境活動家

グレタ・トゥーンベリ

国連「地球温暖化対策サミット」演説

2019年9月23日

グレタ・トゥーンベリ ▶2003年スウェーデン生まれ。8歳の頃から地球の気候変動に興味を持ち、15歳で「気候のための学校ストライキ」という看板を掲げスウェーデン議会の前で呼びかけを実施。同時に、公共の場で政治家、議会に対しての率直で事実に即したスピーチを行い、ヨーロッパ中で名を知られるようになる。16歳のとき、各国の国連代表に放った厳しい訴えは、世界中で話題となった。

私が伝えたいことは、私たちはあなた方を見ているということです。そもそも、全てが間違っているのです。私はここ（ニューヨーク）にいるべきではありません。私は海の反対側で学校に通っているべきなのです。

あなた方は、私たち若者に希望を見出そうと集まっています。よく、そんなことが言えますね。あなた方は、その空虚な言葉で私の子供時代の夢を奪いました。

それでも、私は、とても幸運な一人です。人々は苦しんでいます。人々は死んでいます。生態系は崩壊しつつあります。私たちは、大量絶滅の始まりにいるのです。なのに、あなた方が話すことは、お金のことや、永遠に続く経済成長というおとぎ話ばかり。よく、そんなことが言えますね。

30年以上にわたり、「科学が示す事実は極めて明確でした。なのに、あなた方は、事実から目を背け続け、必要な政策や解決策が見えてすらいないのに、この場所に来て「十分にやってきた」と言えるのでしょうか。

あなた方は、私たちの声を聞いている、緊急性は理解している、と言います。しかし、どんなに悲しく、怒りを感じるとしても、私はそれを信じたくありません。もし、この状況を本当に理解しているのに、行動を起こしていないのならば、あなた方は邪悪その

国連で怒りを爆発させたスウェーデンの
環境活動家グレタ・トゥーンベリ
(2019年9月23日。当時16歳)

ものです。

だから私は、信じることを拒むのです。今後10年間で（温室効果ガスの）排出量を半分にしようという、一般的な考え方があります。しかし、それによって世界の気温上昇を1・5度以内に抑えられる可能性は50％しかありません。

人間のコントロールを超えた、決して後戻りのできない連鎖反応が始まるリスクがあります。50％という数字は、あなた方にとっては受け入れられるものなのかもしれません。

しかし、この数字は、（気候変動が急激に進む転換点を意味する）「ティッピング・ポイント」や、変化が変化を呼ぶ相乗効果、有毒な大気汚染に隠されたさらなる温暖化、そして公平性や「気候正義」という側面が含まれていません。この数字は、私たちの世代が、何千億トンもの二酸化炭素を今は存在すらしない技術で吸収することをあてにしているのです。

私たちにとって、50％のリスクというのは決して受け入れられません。その結果と生きていかなくてはいけないのは私たちなのです。

ＩＰＣＣ（気候変動に関する政府間パネル）が出した最も良い試算では、気温の上昇を１・５度以内に抑えられる可能性は67％とされています。しかし、それを実現しようとした場合、２０１８年の１月１日にさかのぼって数えて、あと４２０ギガトンの二酸化炭素しか放出できないという計算になります。

今日、この数字は、すでにあと３５０ギガトン未満となっています。これまでと同じように取り組んでいれば問題は解決できるとか、何らかの技術が解決してくれるとか、よくそんなふりをすることができますね。今の放出のレベルのままでは、あと8年半たたないうちに許容できる二酸化炭素の放出量を超えてしまいます。

今日、これらの数値に沿った解決策や計画は全くありません。なぜなら、これらの数値はあなたたちにとってあまりにも受け入れがたく、そのことをありのままに伝えられるほど大人になっていないのです。

あなた方は私たちを裏切っています。しかし、若者たちはあなた方の裏切りに気づき始めています。未来の世代の目は、あなた方に向けられています。

もしあなた方が私たちを裏切ることを選ぶなら、私は言います。「あなたたちを絶対に許さない」と。

私たちは、この場で、この瞬間から、線を引きます。ここから逃れることは許しません。世界は目を覚ましており、変化はやってきています。あなた方が好むと好まざるとにかかわらず。

ありがとうございました。

「うまく言葉にできない気持ち」をこれからも漫画で。

お笑いタレント、漫画家

矢部太郎

第22回手塚治虫文化賞短編賞　受賞スピーチ

2018年6月7日

矢部太郎 ▶ やべたろう。1977年東京都生まれ。1997年、入江慎也とお笑いコンビ「カラテカ」を結成。芸人としてだけでなく、舞台やドラマ、映画で俳優としても活躍。2017年、矢部と矢部が住む家の大家との日常を描いた漫画デビュー作『大家さんと僕』が38万部を超えるベストセラーに。手塚治虫文化賞の受賞時には、口下手ながらも誠実な人柄が伝わる名スピーチを披露した。

（贈呈されたブロンズのアトム像をじっと見つめながら）あ……ありがとうございます……。思った以上にアトム像が重いです……。

このたびは手塚治虫先生という「漫画の神様」のお名前がついた賞を受賞させていただきまして、たいへん光栄です。神様をも畏れぬことを思い切って言わせていただきますと、手塚先生はどんなに売れっ子になられても、若い作家の先生の作品を読んで嫉妬されることがあったというお話を聞いたことがありまして、天国の手塚先生に、僕の本を読んでいただき、そしてほんの少しでもいいので嫉妬していただけたら、うれしいです。この賞がそういうものだったらいいな、と思います。

僕は今40歳で、38歳のときに漫画を描き始めました。38歳で漫画家になると言ったら、普通は周囲が全力で止めると思うのですが、僕の場合は「作品にしたほうがいいよ」と言ってくださった方がいました。（漫画原作者の）倉科遼先生は僕の漫画をとても褒めてくださって、自分が自費出版してでも出したいと言ってくださいました。相方の入江くんもすすめてくれて、入江くんのほうは僕はあんまり覚えていないんですが、本人がそう言うので、そうなんだと思います。

だから、新しいことに挑戦するのが苦手な僕ですが、描き始めることができました。他にも、デジタルで描いているので、文明の利器に助けられたということもあると思います。

でも一番は、大家さんがいつも「矢部さんはいいわね、まだまだお若くて何でもできて。これからが楽しみですね」と言ってくださっていたんですね。ご飯を食べていても、散歩をしていても、ずっといつも言ってくださるので、本当に若いような気がしてきて、本当に何でもできるような気がしてきて…。

これはあまり人には言っていないのですが、僕の中では、38歳だけど18歳だと思うよ

お笑い芸人として初の快挙に、
万感こもったスピーチを披露した矢部太郎

うにしていました。だから今、20歳なんです。何を開き直っているんだと思われるかもしれませんが、これは本当に効果があって、10代だと思ったらたいがいの失敗は許せました。

人生何があるかわからないとよく言いますが、中学生の頃、図書室でひとりで『火の鳥』を読んでいた僕が、今ここにいるなんて思いもよらなかったですし、芸人になって長く経ち、次第にすり減り、人生の斜陽を感じていた僕が今、ここにこうしていることも、半年前には想像もつきませんでした。

それでも、あの頃、全力で漫画を読んでいたこととか、芸人として仕事をして創作に関わってきたこととか、子供の頃、絵を描く仕事をする父の背中を見ていたこととか、なんだか全ては無駄ではなく、繋がっている気がしています。それは僕だけじゃなく、みんながそうなのではないかとも思います。

お笑い芸人が僕の本業なのですが、人前でうまくしゃべることが苦手です。そんな「うまく言葉にできない気持ち」を、これからも少しでも漫画で描いていけたらと思っています。

本日は本当にありがとうございました。

第5章

追悼

あなたは僕の太陽でした。

元タレント

上岡龍太郎

「横山ノックを天国へ送る会」献杯の挨拶

2007年6月7日

上岡龍太郎 ▶ かみおかりゅうたろう。1942年京都府生まれ。1960年、横山ノックに誘われ「漫画トリオ」結成。1968年、ノックの参議院議員選挙出馬により活動停止。以後、巧みな話術で「鶴瓶上岡パペポTV」「探偵！ナイトスクープ」など多数の番組で活躍する。2000年、かねてからの公言どおり芸能界引退。47年の苦節を共にしたノックの献杯の挨拶では、芸能界引退から7年が経過していたにもかかわらず、なおも錆びつかない話芸で人間・横山ノックの魅力を情緒豊かに披露した。

ノックさん　あなたは僕の太陽でした。

あなたの熱と光のおかげで、僕は育ちました。

あなたの温かさと明るさに包まれて、生きてきました。

ノックさん　あなたはみんなの太陽でした。

あなたが現れるだけで、その場がパッと明るくなりました。

あなたが笑顔を見せるだけで、みんな心が癒されました。

ノックさん　あなたは大きな太陽でした。

あなたの前に立つと、自分がいかに些細なことにこだわり、つまらないことに悩みとるに足らないことで人と争っているか、自分自身の小ささを思い知らされました。

ノックさん　あなたは今、西の空を真っ赤に染めて、水平線の向こうに沈んでいこうとしています。

でも、僕の胸の中には、今も真夏の太陽のようなあなたがギラギラと輝いています。

あなたと初めて会った昭和35年、１９６０年8月5日から
最後となった平成18年、２００６年4月4日までの想い出の数々が、
まるで宝石のようにキラキラと胸いっぱいに詰まっています。

六甲のベースキャンプ、ハウスボーイ時代にはサミーと呼ばれ
宝塚新芸座では「三田久《みたひさし》」と名のり
「秋田Kスケ」から「横山ノック」、漫画トリオになったノックさん。
初めて買ったブルーバード・ファンシーデラックスが盗まれ
セドリックからアルファ ロメオ ジュリア スプリントGTヴェローチェ、
運転手付きのダッジ・ダートに乗り換えたノックさん。
我孫子町から沢ノ町、西宮北口から千里津雲台、桃山台の豪邸から芦屋に移り住んだノックさん。
漫才師から参議院議員、大阪府知事から最後は被告人にまでなったノックさん。
相方や車や住まいや肩書はコロコロと変えたけど、奥さんだけは生涯代えなかったノックさん。

血の滴るようなTボーンステーキが大好き、あんころ餅や大福餅といった甘いものが大好きで
何より麻雀が大好きだったノックさん。

女性が大好きだったノックさん。料理を作るのが上手かったノックさん。

麻雀は下手クソだったノックさん。


女性を口説くのが上手かったノックさん。お酒は弱かったノックさん。

麻雀も弱かったノックさん。女性にも弱かったノックさん。

マーロン・ブランド扮するナポレオンの髪型を真似してピンカールしていたノックさん。

あの頭で10日に一回散髪に行っていたオシャレなノックさん。

進駐軍仕込みの英語が堪能だったノックさん。そのくせカタカナは苦手だったノックさん。

人を笑わせるのに自分は泣き虫で、賑やかなことが好きで寂しがり屋で
ありがた迷惑なほど世話焼きで、ああ見えて意外に人見知りで
甘えん坊で、頑固で、意地っ張りで、負けず嫌いで、天真爛漫で、子供っぽくてかわいくて
そしていつでもどんなときでも必ず、僕の味方をしてくれたノックさん。
ノックさん　本当にありがとうございました。

愛と知性に溢れた上岡龍太郎の弔辞はYouTubeで視聴可能
（2007年6月7日 大阪・リーガロイヤルホテルにて）

ノックさん　本当にお疲れ様でした。

そして、ノックさん　本当にさようなら。

芸人を送るのに、涙は似つかわしくありません。

不世出《ふせいしゅつ》の大ボケ、横山ノックを精いっぱいの笑顔と拍手で天国へ送ってやってください。

ノックさんに、献杯。

ありがとうございました。

先生、
今日は雪です。
寒くありませんか？

政治家

尾辻秀久

故・山本孝史《やまもとたかし》議員への追悼演説

2008年1月23日

尾辻秀久　▶ おつじひでひさ。1940年鹿児島県生まれ。自由民主党参議院議員（2021年2月現在、6期目）。民主党所属の参議院議員で「年金政策の第一人者」の山本孝史とは党派を超えて親交があり、山本が2007年12月22日、参議院議員在職のまま病死した翌年1月の参議院本会議で、時折言葉を詰まらせながら山本の死を悼む演説を行い、国会中から鳴り止まない拍手が送られた。

（江田五月参議院議長から「尾辻秀久君から発言を求められております。この際発言を許します。尾辻秀久君」の言葉を受け、登壇）

本院議員、山本孝史先生は、平成19年12月22日、胸腺がんのため逝去されました。享年58歳でありました。まことに痛惜哀悼の念に堪えません。

山本孝史先生は、平成18年1月、国立がんセンター中央病院において、現在の医療では治ることのない「ステージ4」の進行がんであるとの確定診断を受けられました。奥様には、何も治療をしなければ余命は半年と告げられました。

胸腺がんは、非常に珍しいがんで、もともと外科手術による切除が難しい上、他の臓器への転移も見られたことから、抗がん剤による化学療法が選択されました。爾来、山本孝史先生は、末期のがん患者としてつねに死を意識しながら国会議員の仕事に全身全霊を傾け、2年の月日を懸命に生きられたのであります。私はここに、山本孝史先生の御霊に対し、謹んで哀悼の言葉を捧げます。

山本孝史先生は、昭和24年7月7日、兵庫県芦屋市にお生まれになり、その後、大阪市南船場に転居されました。先生が5歳のとき、兄上が自宅前でトラックに轢かれて亡くなられております。山本先生はのちに、母が亡骸となった兄の脚をさすっていた姿を、今も鮮明に覚えていると書き遺されています。

山本先生はその後、立命館大学在学中に、身体障害者の介助ボランティアを体験され、これをきっかけに大阪ボランティア協会で交通遺児育英募金と出会うことになります。交通遺児の作文集を読まれたとき、夭折した兄の無念さや、両親の悲しみが一気に胸に溢れたと述べておられます。

「大阪交通遺児を励ます会」を結成された先生は、活動を展開するため、全国協議会の事務局長に就任されました。交通遺児と母親の全国大会を成功させ、参加者と共に銀座をデモ行進されたと聞きました。先生の政治の世界におけるご活躍の基礎は、市民活動にありました。

山本先生は大学卒業後、財団法人交通遺児育英会に就職され、その後、米国ミシガン州立大学に留学。家族社会学を専攻して、高齢者福祉や社会貢献活動、死の教育のあり方について学ばれました。大学院修士課程を修了されたのち、育英会に復職され、平成2年に事務局長に就任されました。

災害や病気、自殺などで親を失った子供にも奨学金を支給したいと願っておられましたが、監督官庁の反対に遭い、縦割り行政を痛感されていた平成5年、先生に転機が訪れます。誘いを受け、日本新党から旧大阪4区に立候補され、ボランティア選挙、お金のかからない選挙を展開し、当選されました。

次いで平成8年の総選挙には、新進党から近畿比例区に立候補され、再選を果たされました。衆院時代の山本先生は、年金や医療制度の改革、介護保険の創設や残留邦人の援護などの問題に取り組まれました。また、当選の翌年から、長きにわたって厚生委員会の理事の職を務められました。質問等の回数は、本会議での代表質問2回、討論2回、委員会での質疑70回、質問主意書は医療問題援護事業などに関するもの34本を数えます。

特に薬害エイズ事件の真相解明では、隠されたファイルの存在や、加熱製剤承認後も非加熱製剤が使用され続けていた事実を明らかにされました。また、脳死臓器移植問題では、いわゆる金田・山本案と呼ばれる対案を提出され、国会論議を深めることに貢献されました。

先生は平成13年、参議院に転じ、大阪選挙区から立候補され、当選されました。再び年金や医療制度の改革に取り組まれ、亡くなられるまでの間、参議院本会議での代表質問が5回、予算決算、厚生労働などでの委員会質疑は58回に及び、質問主意書についても年金社会保険庁問題などで11本を数えます。

この間、党務においては民主党の〝次の内閣〟の厚生労働大臣、年金改革プロジェクトチームの座長などを務められました。また、山本先生は平成15年、参議院民主党新緑風会の幹事長に就任されました。

幹事長在任中の平成16年の参議院選挙は、年金が大きな争点となりました。先生は年金政策の第一人者であり、民主党の年金改革法案の実質的な立案者であったと伺っております。山本先生は年金論議を終始リードされましたが、政府の年金改革法案の代表質問に立たれた際、この壇上から次のように訴えられました。

「議場の皆さまに申し上げます。年金改革はこの国の有り様を決める大事業であり、そして我々は国民の代表であります。年金改革とこれからの国の有り様について、この参議院において真摯に真剣に、そして徹底的に議論しようではありませんか」

使命感に満ち溢れた名演説でした。厚生労働委員会における、小泉総理との白熱したやりとりは、今も語り草となっております。今も我が党は厳しい選挙戦を強いられることになりましたが、このときの躍進こそ、民主党が参議院第一党となる礎となっていると言えましょう。

山本先生は我が自由民主党にとって、最も手強い政策論争の相手でありました。

私は平成16年から17年にかけて、厚生労働大臣を拝命いたしておりました。その間、山本先生から予算委員会で3回、厚生労働委員会において8回のご質疑を頂戴いたしました。先日、会議録を読み返してみましたところ、170問ございました。

その中で印象深いのは、平成16年11月16日の厚生労働委員会での質疑でした。山本先生は、「助太刀無用、1対1の真剣勝負」との通告をされました。この質疑の中で、私が明らかに役所の用意した答弁を読みますと、先生は激しく反発されましたが、私が私の思いを率直にお答えいたしますと、幼稚な答えにも相槌を打ってくださいました。

先生から、自分の言葉で自分の考えを誠実に説明する大切さを教えていただきました。そして、社会保障とは何かをご指導いただきました。昨日も先生に叱られないように、社会保障には特に力を入れて、質問をいたしました。

山本先生は平成17年、参議院財政金融委員長に就任されました。新しい分野で活躍しようとなさっていたその矢先に、病魔に侵されておられました。山本先生は平成18年5月22日、医療制度改革関連法案の代表質問に立たれ、この壇上から次のように語り始められました。

「理想の医療を目指された、故・今井澄《いまいきよし》先生の志を胸に、私ごとで恐縮ですが、私自身がん患者として、同僚議員をはじめ多くの方々のご理解・ご支援をいただきながら国会活動を続け、本日質問にも立たせていただいたことに心から感謝をしつつ質問をいたします。

そして最後に、がん対策法の本国会での成立について、議場の皆さんにお願いをします。日本人の2人に1人はがんにかかる、3人に1人はがんで亡くなる時代になっています。今や、がんは最も身近な病気です。がん患者はがんの進行や再発の不安、先のことが考えられないつらさなどと向き合いながら、身体的苦痛、経済的負担に苦しみながらも新たな治療法の開発に期待を寄せつつ、1日1日を大切に生きています。私があえてがん患者と申し上げましたのも、がん対策基本法を成立させることが、日本の本格的ながん対策の第1歩になると確信するからです。

また、本院厚生労働委員会では、自殺対策の推進について全会一致で決議を行いました。私は、命を守るのが政治家の仕事だと思ってきました。がんも自殺も、共に救える命がいっぱいあるのに、次々と失われているのは、政治や行政、社会の対策が遅れているからです。年間30万人のがん死亡者、3万人を超える自殺者の命が一人でも多く救われるように、何卒、議場の皆さまの理解とご協力をお願いいたします」

と結ばれました。いつものように淡々とした調子でしたが、先生は抗がん剤による副作用に耐えながら、渾身の力を振り絞られたに違いありません。

この演説は全ての人の魂を揺さぶりました。議場は温かい拍手で包まれました。私は今、その光景を思い浮かべながら同じ壇上に立ち、先生の一言一句を振り返るとき……万感、胸に迫るものがあります。

先生は法律を成立させただけではありませんでした。痩せ細られた身体を押して、がん対策推進協議会を欠かさず傍聴されるなど、命を削って責任を果たされました。

山本先生は、昨年7月の参議院選挙にも立候補され、再選を果たされました。12月4日、筆頭発議者として被爆者援護法の改正案を提出されます。これが国会議員として記録に残る最後の仕事となりました。衆参両院で、のべ37本の議員立法を提出されたことになります。「国会議員こそ立法者である」との信念を貫かれたのであります。

先生は12月22日、黄泉の国へと旅立たれました。先生の最後のご著書となった『救える「いのち」のために　日本のがん医療への提言』は、先生が亡くなられる直前に、見本の本が病室に届けられました。先生は目を開け、じっと見つめて頷かれたそうです。

がんで亡くなった山本孝史議員（上）に対する
尾辻議員の哀悼の言葉は、議会史に残る感動の名演説といわれた

そのときのご様子を、奥様は告別式において次のように紹介されました。

「私は彼の手を握りながら本を読んであげました。山本は、命を削りながら執筆した本が世に出ることを確かめ、そして日本のがん医療、ひいては日本の医療全体が向上し、本当に患者のための医療が提供されることを願いながら、静かに息を引き取りました」

バトンを渡しましたよ、襷をつなぐようにしっかりと引き継いでください、そう言う山本先生の声が聞こえてまいります。

先生、今日は外は雪です。ずいぶん痩せておられましたから、寒くありませんか？先生と、自殺対策推進基本法の「推進」の2文字を、「自殺推進」と読まれると困るから消してしまおう、と話し合った日のことを懐かしく思い出しております。

あなたは参議院の誇りであります。社会保障の良心でした。ここに、山本孝史先生が生前に残されました数多くのご業績と、気骨溢れる気高き精神を偲び、謹んでご冥福をお祈りしながら、参議院議員一同を代表して、お別れの言葉といたします。

私も
あなたの数多くの
作品のひとつです。

タレント

タモリ

赤塚不二夫 葬儀・告別式　弔辞

2008年8月7日

タモリ ▶ 本名、森田一義（もりたかずよし）。1945年福岡県生まれ。かつては「オールナイトニッポン」のパーソナリティ、「笑っていいとも！」の司会者、現在も複数のレギュラー番組を持つ売れっ子タレント。1975年、その才能を見出したジャズピアニスト山下洋輔に紹介され赤塚不二夫と交流が始まる。長年の闘病の末、赤塚が72歳で逝去した際は「物心両面の援助は肉親以上のものでした」と死を悼み、葬儀では手にしていた紙を何度も見ながら時折涙声で弔辞を読んでいたが、実際にはその紙が全くの白紙だったことも有名

弔辞　8月の2日にあなたの訃報に接しました。6年間の長きにわたる闘病生活の中で、ほんのわずかではありますが回復に向かっていたのに、本当に残念です。

我々の世代は赤塚先生の作品に影響された第一世代と言っていいでしょう。あなたの今までになかった作品やその特異なキャラクター。私たち世代に強烈に受け入れられました。10代の終わりから、我々の青春は赤塚不二夫一色でした。

何年か過ぎ、私がお笑いの世界を目指して、九州から上京して、歌舞伎町の裏の小さなバーでライブみたいなことをやっていたときに、あなたは突然、私の眼前に現れました。そのときのことは今でもはっきりと覚えています。赤塚不二夫が来た。あれが赤塚不二夫だ。私を見ている。この突然の出来事で、重大なことに私はあがることすらできませんでした。

終わって私のところにやってきたあなたは「君はおもしろい。お笑いの世界に入れ。8月の終わりに僕の番組があるから、それに出ろ。それまでは住むところがないから、私のマンションに居ろ」と、こう言いました。自分の人生にも他人の人生にも影響を及ぼすような大きな決断を、この人はこの場でしたのです。それにも度肝を抜かれました。

恩師・赤塚不二夫への弔辞文が白紙だったことも話題に

それから長いつきあいが始まりました。しばらくは毎日、新宿の「ひとみ寿司」というところで夕方に集まっては、深夜までどんちゃん騒ぎをし、いろんなネタを作りながら、あなたに教えを受けました。いろんなことを語ってくれました。お笑いのこと、映画のこと、絵画のこと、他のこともいろいろとあなたに学びました。あなたが私に言ってくれたことは、いまだに私にとって金言として心の中に残っています。そして仕事に生かしております。

赤塚先生は本当に優しい方です。シャイな方です。マージャンをするときも、相手の振り込みであがると、相手が機嫌を悪くするのを恐れて、ツモでしかあがりませんでした。あなたがマージャンで勝ったところを見たことがありません。

その裏には強烈な反骨精神もありました。あなたは全ての人を快く受け入れました。そのためにだまされたことも数々あります。金銭的にも大きな打撃を受けたこともあります。しかしあなたから後悔の言葉や、相手を恨む言葉を聞いたことがありません。

あなたは私の父のようであり、兄のようであり、そして時折見せる、あの底抜けに無邪気な笑顔は、はるか年下の弟のようでもありました。あなたは生活全てがギャグでした。たこちゃん（コメディアンのたこ八郎）の葬儀（１９８５年）のときに、大きく笑いながらも、目からはボロボロと涙がこぼれ落ち、出棺のとき、たこちゃんの額をピシャリと叩いては「この野郎、逝きやがった」とまた高笑いしながら、大きな涙を流していました。あなたはギャグによって物事を無化していったのです。

あなたの考えは、全ての出来事、存在をあるがままに前向きに肯定し、受け入れることです。それによって人間は、重苦しい意味の世界から解放され、軽やかになり、また時間は前後関係を断ちはなたれて、そのときその場が異様に明るく感じられます。この考えをあなたは見事にひと言で言い表してます。すなわち、「これでいいのだ」と。

今、2人で過ごしたいろんな出来事が、場面が思い浮かんでいます。軽井沢で過ごした何度かの正月。伊豆での正月。そして海外へのあの珍道中。どれもが本当に、こんな楽しいことがあっていいのかと思うばかりの素晴らしい時間でした。最後になったのが、京都五山の送り火です。あのときのあなたの柔和な笑顔は、お互いの労をねぎらっているようで、一生忘れることができません。

あなたは今、この会場のどこか片隅で、ちょっと高いところから、あぐらをかいて、ひじをつき、ニコニコと眺めていることでしょう。そして私に「おまえもお笑いやってるなら、弔辞で笑わしてみろ」と言ってるに違いありません。あなたにとって死もひとつのギャグなのかもしれません。私は人生で初めて読む弔辞があなたへのものとは、夢想だにしませんでした。

私はあなたに生前お世話になりながら、ひと言もお礼を言ったことがありません。それは肉親以上の関係であるあなたとの間に、お礼を言うときに漂う他人行儀な雰囲気がたまらなかったのです。あなたも同じ考えだということを他人を通じて知りました。しかし今、お礼を言わさしていただきます。赤塚先生、本当にお世話になりました。ありがとうございました。

私もあなたの数多くの作品のひとつです。

キヨシロー、
ひどいよ、
この冗談は……。

ミュージシャン

甲本ヒロト

忌野清志郎「ロック葬」弔辞

2009年5月9日

甲本ヒロト ▶ こうもとひろと。1963年岡山県生まれ。1987年、ザ・ブルーハーツのボーカルとして「リンダリンダ」でメジャーデビュー。1995年の解散後は、ザ・ハイロウズ、ザ・クロマニヨンズで活動。RCサクセションのボーカル・忌野清志郎ががん性リンパ管症で死去（享年58）した7日後、東京・青山葬儀所で行われたロック葬には1千人のファンが集まり、清志郎と親交の深かったヒロトの他、竹中直人、大竹しのぶが弔辞を述べた。

キヨシロー。えー、清志郎、あなたとの思い出に、ろくなものはございません。突然呼び出して、知らない歌を歌わせたり、なんだか吹きにくいキーのハーモニカを吹かせてみたり。レコーディングの作業中には、トンチンカンなアドバイスばっかり連発するもんで、レコーディングが滞り、そのたびにわれわれは、聞こえないふりをするのが必死でした。

でも、今思えば、ぜんぶ冗談だったんだよな。今日も「キヨシローどんな格好してた?」って知り合いに聞いたら、「ステージ衣装のままで寝転がってたよ」って言うもんだから、「そうか、じゃあ俺も革ジャン着ていくか」と思って着たら、なんか浮いてるし。清志郎の真似をすれば浮くのは当然で、でも、あなたはステージの上はすごく似合ってたよ。ステージの上の人だったんだな。

一番最近会ったのは、去年の11月。ザ・フーの来日公演で、武道館の。そのとき、あなたは客席の人でした。ステージの上の清志郎じゃなくて、客席の人でした。たくさんの人が清志郎に憧れるように、あなたはロックンロールに憧れていました。僕もそうです。

そんな、いち観客どうしの共感を感じ、とても身近に感じた直後、あなたはポケットから何かを出されて。それは、業界のコネをフルに活かした戦利品、とでも言いましょうか、ピート・タウンゼントの使用するギターのピックでした。

ちっともあなたは、観客席の一人じゃなかった。僕があまりにもうらやましそうにしているので、2枚あった、そのうちのひとつを、僕にくれました。

（ポケットの中を探る）

こっちじゃねえや……これだ。ピート・タウンゼントが使ってたピックです。これはもう返さなくていいね。納めます。ありがとう。

一生忘れないよ。短いかもしれないけど、一生忘れない。ほんで、ありがとうを言いに来たんです。数々の冗談、ありがとう。いまいち笑えなかったけど。はは……。今日もそうだよ、ひどいよ、この冗談は……。

うん。なるべく笑うよ。そんでね、ありがとうを言いに来ました。清志郎、ありがとう。それから後ろ向きになっちゃってるけど、清志郎を支えてくれたスタッフのみなさん、それから家族のみなさん、親族のみなさん、友人のみなさん、最高のロックンロールを支えてくれたみなさん、どうもありがとう。どうもありがとう。

で、あとひとつ残るのは、今日もたくさん外で待っている、あなたのファンです。彼らにありがとうは、僕は言いません。僕もその一人だからです。それはあなたが言ってください。どうもありがとう！　ありがとう！

自身の言葉でロック界の先輩、忌野清志郎に
別れを告げた甲本ヒロト（左）

キングの生命よ、永遠なれ。

シンガーソングライター

マドンナ

マイケル・ジャクソン追悼スピーチ

2009年9月13日

マドンナ ▶ 1958年米ミシガン州生まれ。17歳でダンサーを志して、たった35ドルを手にニューヨークへ。下積み生活を経てパリへ渡りボーカル・レッスンを受け、帰国後ロック・シンガーとして歌手デビュー。1984年に発表したアルバム「ライク・ア・ヴァージン」は全世界で2千100万枚を売り上げる大ヒットとなる。その後もヒット曲を連発、「クイーン・オブ・ポップ」と称される。2009年6月25日、50歳で死去したマイケル・ジャクソンとは親しい間柄だった。

マイケル・ジャクソンは1958年8月に生まれました。私もです。
マイケル・ジャクソンは中西部の郊外の街で育ちました。私もです。
マイケル・ジャクソンには8人の兄弟姉妹がいました。私もです。

マイケル・ジャクソンがスーパースターになったのは6歳のときでした。彼は世界一愛された子供だったと言えるでしょう。私が6歳のとき、母が死にました。きっとマイケルは貧乏くじをひいたのね。私は母を知らず、マイケルは子供時代を知らなかった。人は、決して手に入らないものがあると、それに取りつかれてしまうものです。

幼い頃、私はずっと母親に代わるものを求め続けていました。時にその願いが叶うこともありました。だけど、（マイケルのように）世界中の眼に虫眼鏡でのぞかれているような人が、どうやって子供時代を取り戻すことができるでしょうか。

マイケル・ジャクソンが世界史上、最も偉大な才能であることに、疑いの余地はありません。わずか8歳のマイケルの歌には、まるで経験豊かな大人がその言葉で聴く者の心を鷲掴みするかのような円熟味がありました。彼のダンスは、フレッド・アステアの優雅さとモハメド・アリのパンチを兼ね備えていました。彼の音楽は、言葉では説明できないマジックに包まれていて、誰もが踊り出したくなったし、それに自分も空を飛べるんだと信じさせてくれた。夢を持つ勇気をくれた。なりたいものに私はなれるんだ、と信じさせてくれたのです。なぜって、ヒーローとはそういうものだから。そしてマイケル・ジャクソンは、ヒーローでした。

彼は世界中のサッカー競技場でライブをやり、膨大な数のレコードを売り上げ、世界中の首相や大統領と一緒に食事をしました。女の子たちはマイケルに恋をしました。男の子たちもマイケルに恋をしました。誰もが彼のように踊りたいと願った。マイケルはまるで非現実の存在のようだった――けれど、彼も一人の人間でした。

たいていのパフォーマーがそうであるように、マイケルもシャイで感受性の強い人でした。私とマイケルは、特別親しい間柄だったとはいえません。だけど、あれは1991年のこと、私はマイケルともうちょっと親しくなろうと決心しました。それで彼を食事に誘った。「おごるわ。運転も私がする。あなたと私、二人だけで行きましょ」と言ったの。マイケルはOKして、ボディガードを誰も連れずに、一人で私の家までやってきました。レストランへは私の車で行った。外はもう暗いのに、マイケルはまだサングラスをかけてたわ。

「ねえマイケル、なんだかリムジンとしゃべってるみたいな気分になっちゃうわ。サングラスを外してもらえないかな？　そしたらあなたの目を見て話せるから」

私がそう言うと、彼は一瞬考えてから、サングラスを窓の外へぽいっと放り投げた。そしてウインクをしてほほえみながら私のほうを見て「これで僕が見える？　これでいいかい？」って言ったの。その瞬間、マイケルが脆くて同時に愛らしい人なんだってことが、私にはわかった。

食事の間中、私はマイケルにフライドポテトを食べさせたり、ワインを呑ませたり、デザートを食べさせたり、悪い言葉を言わせたりするのに夢中でした。そういうことってマイケルは絶対やらないように見えたから。それからまた私の家に戻って、二人でソファーに座って映画を観たの、子供みたいにね。映画の途中で、マイケルの手がそおっと近づいてきて、私の手を握った。その感覚は、マイケルがロマンスの相手よりも友だちを求めているという感じだった。私にその資格があると思うとうれしかった。あのとき、マイケルはスーパースターのようではなかった。マイケルは一人の人間でした。

その後、何度か一緒に出かけて、そしていろんな事情があって、いつしか私たちは連絡をとらなくなりました。それから、あの魔女狩りが始まった。マイケルにまつわるネガティブな話がとめどなく話題にされました（※1）。私には彼の痛みがわかった。街を歩いていても世界中が自分の敵のように感じてしまう、それがどんな気分か私もよく知っているからです。自分をリンチしようとする暴徒の怒号で、自分の声なんて誰も聞いてくれず、心細くてどうしようもない、それがどんな気分か私にもわかるのです。それでも、私には子供時代があった。だから間違いを犯しても許されるんだと思えたし、スポットライトを浴びていない場所でも自分の進む道を見つけることができたんです。

マイケルの訃報を最初に聞いたとき、私はロンドンにいました。あと数日でツアーがスタートするというときでした。マイケルは私のライブの1週間後に同じ街でツアーを始めようとしていました。彼の死を知った瞬間、「私は彼を見放してしまった」ということ以外、頭に浮かばなかった。私たちは、彼を見捨てたのです。かつて世界を熱く燃え上がらせたこの偉大な人間が、奈落の底に落ちてゆくのを、私たちはただ黙って見ていたのです。マイケルが家族を持ち、また仕事を始めようと努力していたとき、私たちはみな、それを冷ややかに見ていました。ほとんどの人は彼に背を向けました。

マイケルの記憶を必死にたどろうとして、私はインターネットに向かい、テレビやステージで歌い踊るマイケルの古い映像を見まくった。そして思いました。「ああ、このユニークさ、オリジナリティ、こんな人、他にいない。こんな人はもう二度と現れない。彼こそがキングだったんだ」って。

それでも、マイケルは一人の人間でした。そして……ああ、私たちもみんな人間なのよ。だから、大切なものを失ってからでないとその素晴らしさを理解できない。

せめてこのスピーチを前向きに終わらせたいと思います。9歳と4歳になる私の二人の息子は今、マイケル・ジャクソンに熱中しています。家では子供たちが股間を掴む例のダンスをやったり、ムーンウォークをしたりするのに夢中です。こんな風に新しい世代が、マイケルの才能を再び見出し、よみがえらせようとしているように私には思えます。きっとマイケルはそれを見てほほえんでると思う。今、彼がどこにいようとも。

そう、マイケル・ジャクソンは人間だった。そして彼はキングでした。キングの生命よ、永遠なれ。

※1　マイケル・ジャクソンが13歳の少年に対し児童性的虐待を行ったとして1993年に刑事告発および民事訴訟を提起された疑惑。マイケルは一貫して無実を主張していたが、示談により金銭的に解決したため真相が解明されることなく疑惑が晴れなかった。また、2005年には同様に少年に対して性的虐待を行ったとして提訴されたが、裁判では無罪判決が下った。

ありがとう、大好きだよ。

宮城県遺族代表

菅原彩加

東日本大震災追悼式スピーチ

2015年3月11日

菅原彩加　▶ すがわらさやか。宮城県石巻市生まれ。中学3年の卒業式当日の2011年3月11日、東日本大震災に遭い、津波で母親を含む家族3人を失う。震災の2ヶ月後、仙台育英学園高校に入学。日本だけではなく、海外でも被災体験を語るようになり、その数は世界7都市で50回にも及ぶ。2015年3月11日、東京都千代田区・国立劇場で開催された東日本大震災追悼式での生々しい体験スピーチは、翌日多くのメディアで報じられた。

私は、東日本大震災で甚大な被害を受けた宮城県石巻市大川地区で生まれ育ちました。小さな集落でしたが、朝学校へ行く際、すれ違う人みんなが「彩加ちゃん！　元気にいってらっしゃい」と声をかけてくれるような、あったかい大川がとても大好きでした。

あの日、中学の卒業式が終わり、家に帰ると大きな地震が起きました。逃げようとしたときには、すでに地鳴りのような音と共に津波が一瞬にして私たち家族5人を呑み込みました。しばらく津波に流されたあと、私は運良く瓦礫の山の上に流れ着きました。そのとき、足下から私の名前を呼ぶ声が聞こえ、かき分けて見てみると、釘や木が刺さり足は折れ、変わり果てた母の姿がありました。

右足が挟まって抜けず、瓦礫をよけようと頑張りましたが、私1人にはどうにもならないほどの重さ、大きさでした。母のことを助けたいけれど、ここに居たら私も流されて死んでしまう。「行かないで」という母に私は「ありがとう、大好きだよ」と伝え、近くにあった小学校へと泳いで渡り一夜を明かしました。

そんな体験から今日で4年。あっという間で、そして、とても長い4年間でした。家族を想って泣いた日は数え切れないほどあったし、15歳だった私には受け入れられないような悲しみがたくさんありました。全てが今もまだ夢のようです。

しかし、私は震災後、たくさんのあきらめない人々の姿を見てきました。震災で甚大な被害を受けたのにもかかわらず、東北にはたくさんの人々の笑顔があります。

「みんなでがんばっぺな」と声をかけ合い、復興へ向かって頑張る人たちがいます。日

2015年3月11日、天皇皇后両陛下が見守るなか、追悼文を読む菅原彩加さん（当時19歳）

本中・世界中から東北復興のために助けの手を差し伸べてくださる人たちがいます。そんなふるさと東北の人々の姿を見ていると「私も震災に負けてないで頑張らなきゃ」という気持ちにいつもなることができます。

震災で失ったものはもう戻ってくることはありません。被災した方々の心から震災の悲しみが消えることもないと思います。しかしながらこれから得ていくものは、自分の行動や気持ち次第でいくらにでも増やしていけるものだと私は思います。前向きに頑張って生きていくことこそが、亡くなった家族への恩返しだと思い、震災で失ったものと同じくらいのものを私の人生を通して得ていけるように、しっかり前を向いて生きていきたいと思います。

最後に、東日本大震災に伴い、被災地にたくさんの支援をしてくださった皆さま、本当にどうもありがとうございました。また、お亡くなりになったたくさんの方々のご冥福をお祈りし、追悼の言葉とさせていただきます。

ママは、本当は私の姉なんだ…。

元内閣総理大臣

小泉純一郎

姉・小泉道子「お別れの会」弔辞

2016年8月28日

小泉純一郎 ▶ こいずみじゅんいちろう。1942年神奈川県生まれ。福田赳夫の秘書を経て、1972年の第33回衆議院議員総選挙で初当選し、以来12期連続当選。2001年4月から2006年9月まで内閣総理大臣を務める。プライベートでは1978年、エスエス製薬元会長の孫娘と結婚するも、4年後の1982年離婚。以後、現在まで独身。長男は俳優の小泉孝太郎、次男は自民党衆議院議員で現環境大臣の小泉進次郎。出身地、神奈川県横須賀市の斎場で執り行われた姉・道子（享年84）のお別れの会では喪主を務め、号泣しながら弔辞を読んだ。

本日は皆さま、お忙しいにもかかわらず、ありがとうございます。

亡くなる前日の午後、私が病院に見舞った際に「体のどこか痛いか」と聞きました。「痛くないか」と言ったら、首を横に振って、目を閉じたまま「ああ、ああ」と何か言いたそうでした。その日の夜、進次郎が見舞いました。その際、進次郎が「進次郎だよ」と言ったら、ぱっと目を開けて、ぐっと首を下げました。その翌朝、病院の院長先生、看護師の方、そして同じ部屋に寝泊まりしておりました純子に見守られ、穏やかに、永遠の眠りにつきました。

故人は生前、本当に多くの方に慕われました。弟の私が言うのも何ですが、故人は本当によくできた人だと思っております。優しく、謙虚で、しかもしっかりと我々、留守がちの小泉家を守り続けてくれました。

私が妻と離婚したとき、孝太郎は4歳、進次郎は1歳でした。そのとき、家族、道子をはじめ家族が協力して、孝太郎、進次郎に寂しい思いをさせてはいけないと思って、できるだけみんなで協力しようと。なかでも、母親代わりとして中心的な役割を果たしてくれたのが、故人でありました。孝太郎、進次郎は、2人に加え、弟の子供など6人兄弟の中で育ってきたと思います。幼児のときはつねに、夜は一緒に添い寝してくれて、学校に見送り、帰る。帰ったら、必ず「ママ」がいる。母親代わりに育った孝太郎、進次郎には「ママ」と呼ばせておりました。外に出ても、帰ってくれば、ママはうちにいて優しく、温かく、明るく迎えてくれる。これは、孝太郎、進次郎の精神安定に大きく寄与していたと思っております。

いつか本当のことを孝太郎、進次郎に言わなければいけないと思っておりましたが、なかなか言いそびれておりました。孝太郎が高校2年生、進次郎が中学2年生になって、2人を呼んで本当のことを伝えました。「ママは私の姉なんだ」と言ったら、進次郎は「うそ！」と言いました……。「いや本当だ。孝太郎、知っているか」と聞くと「知っていたのか」「言わなかった」。ああ、そうか。高校2年生だけど、言ったほうがいいこと、言わないほうがいいこと、わかっていたんだ。いい子に育ってくれたなと思いました。「進次郎、ママは母親じゃないんだよ」と言うと、「僕にとっては本当の母親だよ」とはっきり言いました。道子は母親代わりじゃない。実の母親として、孝太郎、進次郎を育ててくれたんだなと。改めて感謝しています。

晩年になって、もう手をかけなくていい、放っておいても大丈夫だと思っているようでしたけれど、故人にとっては孝太郎、進次郎が健やかに成長しているのが何よりの生きがいだったと思います。我々は留守しがちですが、その中でいつも、帰ってくれば道子がいる。我々の帰りを待って、毎日家におりました。

晩年は孝太郎、進次郎が社会に出て、テレビや新聞で活躍しているのを、たいへん楽しみにしていたようです。休みのときに出かけるときは、いつも一緒。孝太郎、進次郎は6人の中で元気に育ってくれた。その中心的支えをしてくれたのが、故人、道子でありました。

もちろん近所の方々、お茶をたしなんでいる方々、そして、小泉家に携わる多くの皆さまの温かいご支援があったからこそ、最後まで、死ぬ直前まで、意識がはっきりと、安らかに永遠の眠りについた。たいへん代えがたいことだと思っております。今日もこうして皆さんにお越しいただき、ありがとうございます。泉下で故人も手を合わせて感謝していると思います。

皆さまのご温情に厚く御礼申して、喪主の挨拶に代えます。皆さま、本当にありがとうございました。

55年前、あの雨上がりのバス停で声をかけてくれたパクさんのことを忘れない。

映画監督

宮崎 駿

高畑《たかはた》 勲《いさお》監督「お別れの会」開会の辞

2018年5月15日

宮崎 駿 ▶ みやざきはやお。1941年東京都生まれ。1963年、東映動画入社。その後、数社を経て、「ルパン三世 カリオストロの城」(1979)で劇場アニメ作品を初監督。1984年、「風の谷のナウシカ」が国民的大ヒット作となる。1985年の設立に参加したスタジオジブリで監督として「天空の城ラピュタ」「となりのトトロ」「魔女の宅急便」「千と千尋の神隠し」など数多くの名作を発表。「アルプスの少女ハイジ」「火垂るの墓」などの監督作として知られる高畑勲(享年82)とは盟友とも言うべき関係で、東京・三鷹の森ジブリ美術館で行われたお別れの会では、涙声で別れを惜しんだ。

（高畑勲の）パクさんというあだ名の謂れはですね、定かでない部分もあるんですが、だいたい、ものすごく朝が苦手な男でして、東映動画（現・東映アニメーション）に勤め始めたときも、ギリギリに駆け込むというのが毎日でございまして、買ってきたパンを、タイムカードを押してからパクパクと食べて、水道の蛇口からそのまま水を飲んでいたという、それで「パク」が「パク」になったという噂です。追悼文という形ではありませんが、書いてきましたものを読ませていただきます。

パクさんは、95歳まで生きると思い込んでいた。そのパクさんが亡くなってしまった。自分にもあんまり時間がないんだなあと思う。9年前、私たちの主治医から電話が入った。「友だちなら、高畑監督のタバコをやめさせなさい」と真剣な怖い声だった。主治医の迫力に恐れをなして、僕と鈴木さん（鈴木敏夫プロデューサー。スタジオジブリ代表取締役）は、パクさんとテーブルを挟んで向かい合った。姿勢を正して話すなんて、初めてのことだった。

「パクさん、タバコをやめてください」と僕。「仕事をするためにやめてください」、これは鈴木さん。弁解やら反論が、怒濤のように吹き出てくると思っていたのに、「ありがとうございます。やめます」。パクさんはキッパリ言って、頭を下げた。そして本当にパクさんは、タバコをやめてしまった。僕は、わざとパクさんのそばへ、タバコを吸いに行った。「いい匂いだと思うよ。でも全然吸いたくなくなった」とパクさん。彼のほうが役者が上だったのであった。やっぱり95歳まで生きる人だなあと、僕は本当に思いました。

1963年、パクさんが27歳、僕が22歳のとき、僕らは初めて出会いました。その初めて言葉を交わした日のことを、今でもよく覚えています。黄昏時のバス停で、僕は練馬行きのバスを待っていた。雨上がりの水たまりの残る通りを、一人の青年が近づいてきた。「瀬川拓男さんのところに行くそうですね」。穏やかで賢そうな青年の顔が目の前にあった。それが高畑勲ことパクさんに出会った瞬間だった。55年前のことなのに、なんてはっきり覚えているのだろう。あのときのパクさんの顔を、今もありありと思い出せる。瀬川拓男氏は人形劇団太郎座の主宰者（1975年没）で、職場での公演を依頼する役目を、僕は負わされていたのだった。

次にパクさんに出会ったのは、東映動画労働組合の役員に押し出されてしまったときだった。パクさんは副委員長、僕は書記長にされてしまっていた。緊張で吐き気に苦しむような日々が始まった。それでも、組合事務所のプレハブ小屋に泊まり込んで、僕はパクさんと夢中で語り明かした、ありとあらゆることを。中でも、作品について。僕らは仕事に満足していなかった。もっと遠くへ、もっと深く、誇りを持てる仕事をしたかった。何を作ればいいのか。（泣き声で）すいません……。パクさんの教養は圧倒的だった。僕は得難い人に巡り会えたのだと、うれしかった。

その頃、僕は大塚康生さん（東映動画アニメーター第一期生。宮崎駿の直属の上司）の班にいる新人だった。大塚さんに出会えたのは、パクさんと出会えたのと同じくらいの幸運だった。アニメーションを動かす面白さを教えてくれたのは、大塚さんだった。ある日、大塚さんが見慣れない書類を僕に見せてくれた。こっそりです。……ちょっと、すいません。それは、大塚康生が長編映画の作画監督をするにあたっては、演出は高畑勲でなければならないという、会社への申入書だった。

当時、東映動画では、監督と呼ばず演出と呼んでいました。パクさんと大塚さんが組む。光が差し込んできたような高揚感が、湧き上がってきました。そして、その日が来た。長編漫画第10作目が、大塚・高畑コンビに決定されたのだった。

ある晩、大塚さんの家に呼ばれた。スタジオ近くの借家の一室に、パクさんも来ていた。ちゃぶ台の前に大塚さんはきちんと座っていた。パクさんは事務所と同じようにすぐ畳に寝転んだ。なんと僕も寝転んでいた。奥さんがお茶を運んでくれたとき、僕は慌てて起きたが、パクさんはそのまま「どうも」と会釈した。女性のスタッフにパクさんの人気が今ひとつなのは、この無作法のせいだったが、本人によると、股関節がずれていて、だるいのだそうだった。

大塚さんは語った。「こんな長編映画の機会は、なかなか来ないだろう。困難は多いだろうし、制作期間がのびて、問題になることが予想されるが、覚悟して思い切ってやろう」。それは意志統一というより、反乱の宣言みたいな秘密の談合だった。もとより僕に異存はなかった。何しろ僕は、原画にもなっていない、新米と言えるアニメーターにすぎなかったのだ。大塚さんとパクさんは、ことの重大さがもっとよくわかっていたのだと思う。

勢いよく突入したが、長編10作目の制作は難航した。スタッフは新しい方向に不器用だった。仕事は遅れに遅れ、会社全体を巻き込む事件になっていった。パクさんの粘りは超人的だった。会社の偉い人たちに泣きつかれ、脅されながらも、大塚さんもよく踏ん張っていた。僕は夏のエアコンの止まった休日に一人出て、大きな紙を相手に背景原図を描いたりした。会社と組合との協定で、休日出勤は許されていなくても、構っていられなかった。タイムカードを押さなければいい。僕はこの作品で、仕事を覚えたのだった。

初号を見終えたとき、僕は動けなかった。感動ではなく、驚愕に叩きのめされていた。会社の圧力で、迷いの森のシーンは「削れ」「削らない」の騒ぎになっているのを知っていた。パクさんは、粘り強く会社側と交渉して、ついにカット数から、カットごとの作画枚数まで約束し、必要制作日数まで約束せざるを得なくなっていた。当然のごとく、約束ははみ出し、そのたびにパクさんは始末書を書いた。いったいパクさんは、何枚の始末書を書いたんだろう？　僕も手いっぱいの仕事を抱えて、パクさんの苦闘に寄り添う暇はなかった。大塚さんも、会社側の脅しや泣き落としに耐えて、目の前のカップの山を崩すのが精一杯だった。

初号で僕は、初めて迷いの森のヒロイン、ヒルダのシーンを見た。作画は大先輩の森康二さんだった。何という圧倒的な表現だったろう。何という強い絵。何という優しさだったろう。これをパクさんは表現したかったのだと、初めてわかった。パクさんは、仕事を成し遂げていた。森康二さんも、かつてない仕事を仕遂げていた。大塚さんと僕

盟友・高畑勲の死に涙しながら弔辞を読む宮崎駿監督（右）。
（2018年5月15日、東京・三鷹の森ジブリ美術館にて）

は、それを支えたのだった。

「太陽の王子」(「太陽の王子 ホルスの大冒険」＝高畑勲の監督デビュー作)公開(1968年)から、30年以上経った西暦2000年に、パクさんの発案で「太陽の王子」関係者の集まりが行われた。当時の会社の責任者、重役たち、会社と現場との板挟みに苦しんだ中間管理職の人々、制作進行、作画スタッフ、背景、トレース彩色の女性たち、美術家、撮影、録音、編集の各スタッフがたくさん集まってくれた。もう今はないゼロックスの職場の懐かしい人々の顔も交じっていた。偉い人たちが「あの頃はいちばん面白かったなあ」と言ってくれた。「太陽の王子」の興行は振るわなかったが、もう誰もそんなことを気にしていなかった。

パクさん、僕らは精一杯、あのとき、生きたんだ。膝を折らなかったパクさんの姿勢は、僕らのものだったんだ。ありがとう、パクさん。55年前に、あの雨上がりのバス停で声をかけてくれたパクさんのことを忘れない。……(涙声で)どうもすいません。

ファッキン、ユーヤ・ウチダ。

エッセイスト

内田也哉子

内田裕也「ロックンロール葬」謝辞

2019年 4月3日

内田也哉子 ▶ うちだややこ。1976年東京都生まれ。ロックンローラー・内田裕也と女優・樹木希林の一人娘。夫は俳優の本木雅弘。エッセイスト、歌手、女優として活躍。2018年9月15日、母を75歳で、約半年後の2019年3月17日に79歳で父を亡くす。東京・青山葬儀所で行われた父、裕也のロックンロール葬では喪主を務め、約950人の参列者の前で謝辞を述べた。

本日はお忙しいところ、父、内田裕也のロックンロール葬にご参列いただきまして、誠にありがとうございます。親族代表として、ご挨拶をさせていただきます。

私は正直、父をあまりよく知りません。「わかりえない」という言葉のほうが正確かもしれません。けれどそれは、ここまで共に過ごした時間の合計が数週間にも満たないからというだけではなく、生前、母が口にしたように「こんなにわかりにくくて、こんなにわかりやすい人はいない。世の中の矛盾を全て表しているのが内田裕也」ということが根本にあるように思えます。私の知りうる裕也は、いつ噴火をするかわからない火山であり、それと同時に、溶岩の狭間で物ともせずに咲いた野花のように、清々しく無垢な存在でもありました。

率直に言えば、父が息を引き取り、冷たくなり、棺に入れられ、熱い炎で焼かれ、ひからびた骨と化してもなお、私の心は、涙でにじむことさえ戸惑っていました。きっと、実感のない父と娘の物語が、はじまりにも気付かないうちに幕を閉じたからでしょう。けれども、今日、この瞬間、目の前に広がる光景は、私にとっては単なるセレモニーではありません。裕也を見届けようと集まられたお一人、お一人が持つ、父との交感の真実が、目に見えぬ巨大な気配と化し、この会場を埋め尽くし、ほとばしっています。

父親という概念には、到底、おさまりきらなかった内田裕也という人間が叫び、交わり、噛みつき、歓喜し、転び、沈黙し、また転がり続けた震動を、皆さんは確かに感じ取っていた。

「これ以上、おまえは何が知りたいんだ」

きっと、父もそう言うでしょう…。

そして、自問します。私が唯一、父から教わったことは、何だったのか？　それは、たぶん、大げさに言えば、生きとし生けるものへの畏敬の念かもしれません。彼は破天荒で、時に手に負えない人だったけど、ズルイ奴ではなかったこと。地位も名誉もないけれど、どんな嵐の中でも駆けつけてくれる友だけはいる。

「これ以上、生きる上で何を望むんだ」

そう、聞こえてきます。

母は晩年、自分は妻として名ばかりで、夫に何もしてこなかった、と申し訳なさそうに呟くことがありました。「こんな自分に捕まっちゃったばかりに…」と遠い目をして言うのです。そして、半世紀近い婚姻関係の中、折々に入れ替わる父の恋人たちに、あらゆる形で感謝をしてきました。私はそんな綺麗事を言う母が嫌いでしたが、彼女はとんでもなく本気でした。まるで、はなから夫は自分のもの、という概念がなかったかのように。もちろん、人は生まれもって誰のものでもなく個人です。れっきとした世間の道理は承知していても、何かの縁で出会い、夫婦の取り決めを交わしただけで、互いの一切合切の責任を取り合うというのも、どこか腑に落ちません。けれども、真実は、母がその在り方を自由意志で選んだのです。そして、父も一人の女性にとらわれず心身共に自由な独立を選んだのです。

2人を取り巻く周囲に、これまで多大な迷惑をかけたことを謝罪しつつ、今さらですが、このある種のカオスを私は受け入れることにしました。まるで蜃気楼のように、でも確かに存在した2人。私という2人の証がここに立ち、また2人の遺伝子は次の時代へと流転していく…。この自然の摂理に包まれたカオスも、なかなか面白いものです。

79年という永い間、父が本当にお世話になりました。最後は、彼らしく送りたいと思います。

Fuckin'Yuya Uchida, don't rest in peace. Just Rock'n Roll!!!

“弟”よ、安らかに眠ってくれ。

元NBAプレイヤー

マイケル・ジョーダン

コーピー・ブライアント追悼式

2020年2月24日

マイケル・ジョーダン ▶ 1963年米ニューヨーク州生まれ。1990年代にシカゴ・ブルズを6度の優勝に導き、5度のシーズンMVPに輝いたNBAのレジェンド。15歳下のコービー・ブライアントは名門ロサンゼルス・レイカーズ一筋に活躍、5度の優勝に貢献したスタープレイヤーで、ジョーダンとは互いに実力を認めリスペクトしあう関係だった。2020年1月26日、ヘリコプターの墜落事故で死亡したコービー（享年41。他に同乗していた次女のジアンナら8人が死亡）の追悼式では涙を流しながらスピーチを述べた。

もう午後ですが、おはようと言わせてください。ヴァネッサ（コービーの妻）、そしてブライアント家の皆さん、今日この場で話す機会を与えてくれたことを感謝します。またジジ（コービーの次女ジアンナの愛称。バスケットボールに打ち込んでいたが、父と同じ事故で死去。享年13）とその才能、コービーが残してくれた贈り物にも追悼の意を表したいと思います。彼はバスケットボールプレイヤーであり、ビジネスマン、ストーリーテラー、そして良き父親でした。選手としても、父親としても、彼がやり残したことはない。全てをやりきって去っていった。

私とコービーが親しい友人だったと聞いて驚く人もいると思うが、実際とても親しかった。コービーは私にとって愛すべき友だっただけでなく、〝弟〟のような存在でした。よくコービーと私を比較したがる人がいるが、私はコービーについて語りたかった。兄弟、姉妹がいる人、特に弟や妹がいる人ならおわかりだろうが、彼らはどういうわけか、服でも靴でも、あなたの持ち物を欲しがりますよね。それってすごく〝迷惑〟なんです。だけど、その迷惑が時を経ることによって愛に変わることがある。なぜならそれは年上の兄弟への憧れでもあるから。

ただし、彼らが何かを始めようとするときに、いちいち質問してくるのは困ったことです。コービーは夜の11時半、午前2時半、朝方3時でも構わずメールや電話をしてきたものです。そして、ポストアップの動きやフットワークについて、時にはトライアングル・オフェンスについて話したがる。最初のうちはイラ立たしくてね。だけどそれくらい、彼は熱い奴なんだとわかりました。

彼ほど情熱のある奴はいません。そしてその情熱は何より素晴らしくて、人を動かす原動力になる。情熱を注げるものなら何でもいい。それがアイスクリームでも、コーラでもハンバーガーでも。大切なことは、自分が好きなものがあったら自らの足で動いてそれを手に入れること。時には誰かに頭を下げなければいけないかもしれない。

私にとってコービー・ブライアントという男はとても刺激的な存在だった。私のプレイを誰よりも研究していたからかもしれないし、もしくはそれが彼が見せたかったスタイルだったのかもしれない。ただ言えるのは、彼は最高のバスケットボールプレイヤーになりたかったということ。

だから、私もできる限り最高の兄になろうとした。真夜中の鬱陶しい連絡にも付き合ったし、めんどくさい質問にも答えた。そして彼を知るほどに誇りに思うようになった。彼はつねに向上心があり、良い人間になろうとしていたし、良いバスケットボールプレイヤー

コービー・ブライアントの死を悼むマイケル・ジョーダン。
2020年2月24日、"コービーの建てた家"と呼ばれる
ロサンゼルス・レイカーズの本拠地ステイプルズ・センターにて

を目指していた。仕事の話もよくしたし、家族や友だちのことについても話した。何でも話せる間柄だったからわかる。彼はいつも良い人間になりたいと思っていたのです。

彼は今頃「やってやったぜ」と思っているでしょう。「ジョーダンの泣きっ面を晒してやった」ってね。これだから私は妻に今日ここで話すのはイヤだと言ったんだ。今日のこんな姿を今後3、4年振り返られるなんて苦痛だからね。でもこれがいつものコービー・ブライアントのやり方。ヴァネッサをはじめ、彼を知ってる人ならわかるよね。彼は自分が不利な状況でもどうやったら相手にダメージを与えられるかわかっているんだ。でもだからこそ彼のことが好きなんです。こうやって相手の良いところを引き出そうとしてくれるから。

2、3ヶ月前だったかな、コービーがメッセージを送ってくれました。「娘にバスケのムーブを教えようとしてるんだけど、自分が娘の歳の頃に何を考えて、どんな練習をしていたか思い出せない。マイケルがムーブを覚えようとしてたときはどうしてた？」って。娘は何歳かって聞いたら12歳だと。だから私は「その頃はまだ野球少年だった」って答えたんだ。そしたら「笑わせるなよ！」って返事がきた。午前2時の出来事だったよ。

バスケットボールについてはもちろん、人生についても一緒に語ることができた。大人になるにつれ、そういう友だちを持てるようにはなるけど、敵対する相手とそんな話ができることはなかなかない。

1999年だったか2000年だったか忘れてしまったけど、フィル・ジャクソンがレイカーズの監督に就任したとき、ここLAまで会いに来たんだ。部屋に入ったらそこにコービーが座っていた。それで最初に彼が発した言葉が、「シューズは持ってきた?」だった。いやいや、俺はそんなつもりでそこに行ったわけではないからさ。だけど彼は自分を高められる相手と勝負したいという気概にあふれていた。だからこそ彼のことが好きだったんだ。どこで会おうと、彼は私に挑戦してきた。そんな彼の情熱には本当に感心しているんだ。アスリートとしてだけでなく、父親としても夫としても、より良い存在になろうと日々努力していたことは尊敬に値する。

私にも30歳になる娘がいて、そしてつい最近双子が生まれて、私もおじいちゃんになった。今すぐにでも愛と笑顔にあふれる家に帰って、娘を抱きしめたい。家族や愛する人への接し方をコービーが教えてくれた気がしている。そして今後もコービーから学び続けるべきことでもあると思う。

ヴァネッサ、ナタリア、ビアンカ、カプリ、私と妻はいつでもあなたたちのそばにいます。また事故に遭った方々、そのご家族の皆さまにも哀悼の意を表すると共に、今後のサポートを約束します。

コービーはどんな些細なことでも、できることは最後までやりました。現役を引退してから、彼のクリエイティブな一面を知ることになりました。それは私も皆さんも想像しなかったことですよね。幸せそうだった引退試合のあと、彼は新たな情熱を見つけます。指導者として、彼のコミュニティに貢献しようとしたのです。最後まで彼は良き父親であり、良き夫であり、家族や娘たちを心の底から愛していました。

コービーがコートでやり残したことはありません。そしてそれこそが、彼が私たちに伝えたかったことでしょう。誰も自分の人生の残り時間を知りません。だからこそ今を生き、今を楽しまなければなりません。家族や友だち、愛する人たちとできるだけ多くの時間を共にするべきです。今を生きるということは、そういう人たちと時間を共有するということです。

コービーが亡くなって、私の一部も死んでしまった。今日ここに集まった皆さん、そして世界中の人々にとっても同じことです。ですから、この日のことを忘れないでください。そしてこの出来事から学びましょう。私は誓います。私にはいつだって助けを必要としていた〝弟〟がいたということを忘れず生きていきます。

〝弟〟よ、安らかに眠ってくれ。

「今を生きる」人の心に刺さる
世界の名スピーチ50選

2022年8月20日　第1刷発行

著　者　鉄人社編集部
発行人　尾形誠規
発行所　株式会社 鉄人社
〒162-0801 東京都新宿区山吹町332
オフィス87ビル3F
TEL 03-3528-9801　FAX 03-3528-9802
http://tetsujinsya.co.jp/

デザイン　鈴木　恵（細工場）
印刷・製本　新灯印刷株式会社

ISBN978-4-86537-245-8　C0176　

主な参考サイト

ログミーBiz　シネマトゥデイ　Yahoo!ニュース　Wikipedia　YouTube
TOKYOWeb　HubSpot　ELLEgirl　Safari Online　GOGO! KENGO!!
ブックバン　女性自身　東洋経済ONLINE